U0754233

FROM A HEAD,
THROUGH A HEAD,
TO A HEAD

[巴基斯坦] F. S. 艾贾祖丁 —— 著

唐俊 —— 译

首脑之间

中美建交中的巴基斯坦秘密渠道

世界知识 出版社

▲ 1969年8月2日，尼克松总统（前排左一）与穆罕默德·叶海亚·汗总统（前排左二）在拉合尔。正是在这次会晤中，尼克松总统建议巴基斯坦在中美两国建交中担任中间使者。

1971年7月8日，巴基斯坦驻美国大使阿迦·希拉利（前排右）在拉瓦尔品第查克拉拉空军基地迎接基辛格（前排左）。照片后排左一是时任美国驻巴基斯坦大使约瑟夫·法兰，后排左二是时任巴基斯坦外事秘书苏尔坦·穆罕默德·汗。

1971年7月8日，叶海亚·汗总统（右）和基辛格博士（左）在拉瓦尔品第总统官邸进行会谈。

尼克松总统（左一）、基辛格博士（右一，时任国家安全事务助理）和巴基斯坦驻美国大使阿迦·希拉利（中）在美国总统白宫办公室会谈。（照片提供：阿迦·希拉利大使）

谨以此书献给阿迦·希拉利大使（1966—1971年巴基斯坦驻美国大使），他忠于国家，一心为国。

目 录

在"《首脑之间——中美建交中的巴基斯坦秘密渠道》
（英文版）"首发式上的讲话 3

序　言 7

译者序 9

前　言 15

致　谢 21

开　篇 1

第一章　联络 21

第二章　出发 38

第三章　航班计划 63

第四章　代号：波罗行动 85

第五章　后记 95

附录A 117

附录B 119

参考书目 120

在"《首脑之间——中美建交中的巴基斯坦秘密渠道》（英文版）"首发式上的讲话

尊敬的F. S. 艾贾祖丁先生、

威廉·B. 米兰*大使阁下，

女士们、先生们：

今天我应邀出席我的朋友艾贾祖丁先生的著作《首脑之间——中美建交中的巴基斯坦秘密渠道》的首发式并发表讲话，感到十分高兴和荣幸。首先我借此机会对艾贾祖丁先生的新著出版发行，表示热烈而诚挚的祝贺。

这是一本有意义的书。我们知道，在20世纪60年代末和70年代初，经过巴基斯坦的协助，中美两国之间正悄悄地发生一些重要而敏感的事情。这些事情在当时是绝对保密的，而一旦公布，整个世界都会为之震动。今天这已成为传奇。离开白宫以后，无论尼克松先生还是基辛格先生，故事的两个重要角色，都在他们各自的回忆录中记叙了此事，中国的学者和历史学家也写过不少文章和评论。现在由于艾贾祖丁先生的努力，有了一本关

---

*　威廉·B. 米兰时任美国驻巴基斯坦大使。

于这一历史事件的专著。我觉得这本著作是值得高度关注的，我这样说，并不是说我完全同意此书的全部细节和观点，事实上当我阅读此书时确已发现一些我不同意的地方，为此我将同作者进行讨论。这本书是作者以中美秘密外交的中间人、时任巴基斯坦总统的叶海亚·汗个人保存的49份有关文件为基础，结合美国已解密的档案文件，并通过采访有关直接当事人而写成的，因而是有特点的，可以帮助读者从更多的细节和更多的角度理解这一历史事件。

当我阅读这本书的时候，我总是思考一个问题，即在那一段时间里发生的这一事件的重要性何在，以及我们可以从中学习哪些历史经验？其重要性是很明显的，因为其结局是中美之间关系走向缓和。大家知道，在此之前，由于共知的原因，中美之间的关系总是很紧张的，而在此之后世界看到的是：1972年尼克松总统对华进行历史性的访问；1979年中美建立外交关系；1997年江泽民主席访美时，中美建立建设性的战略伙伴关系。现在，中国是美国的第四大贸易伙伴，而美国是中国的第二大贸易伙伴。这就是说，在这个历史性的重大事件之后，中美关系走上了全新的阶段。当我阅读这本书的时候，我国宋代大诗人陆游的一首诗总闪现在我心里。即：

山重水复疑无路，
柳暗花明又一村。

我们可把这首诗译为下面的英语：

Mountains multiply, streams double back

—I doubt there is even a road,

Willows cluster gracefully, blossoms shine brightly

—Another village ahead.

　　我想，当我们回眸20世纪60年代末和20世纪70年代初发生的历史事件时我们得到的重要经验是，敌对和对抗只能把两个国家导向"山重水复疑无路"的困境，而只有对话——无论是直接的还是间接的、友谊和合作，才能把两个国家导向"柳暗花明又一村"的佳景。世界上的国家，包括中国和美国，意识形态、价值观念、社会制度可以不同，可以存在争端，但如果相互尊重和包容，平等对话，相互合作，它们前面就会有许多许多"柳暗花明"的美丽村庄，而如果相互敌对和对抗就只能不断地陷入"山重水复"的困境。

　　这里我还想提到的重要一点是：作为中美两国的共同朋友和中美秘密接触的渠道，巴基斯坦做得很好。诚如中国已故总理周恩来生前多次指出的，巴基斯坦在中美之间是一座桥梁。巴基斯坦在中美和解方面所发挥的桥梁作用是值得称道的。正如中国的老话说的，"不能过河拆桥"。所以在我们回顾中美关系的进程时，我们应对中美之间的桥梁表示衷心的感谢，不应忘却他们的重大贡献，不能忘记我们的桥梁。

　　是的，我们绝不会忘记。

　　谢谢大家！

陆树林（时任中国驻巴基斯坦大使）

于巴基斯坦国家图书馆

2000年10月31日

序 言

F. S. 艾贾祖丁先生的写作认真严谨，一丝不苟。他的著作《首脑之间——中美建交中的巴基斯坦秘密渠道》生动地描绘了中美建交过程中巴基斯坦所扮演的秘密角色。正是因为这个秘密渠道，美国总统尼克松终于在1972年成功访华。自此，中美关系开始缓和，它标志着两国冷战的结束，以及世界和平安全新格局的形成。

感谢唐俊先生对此书的翻译。他曾经在巴基斯坦拉合尔艾奇森学院从事汉语教学工作。工作期间，他广泛涉猎拉合尔的民俗文化，这对一名翻译工作者是非常好的、重要的开端。此外，他最终能够完成此重任也源于他精通英语，以及身为一名教师、译者和研究员的丰富经历。

中国读者向来对中巴全天候的友谊关系深感兴趣。相信此书的出版能遂诸位的心愿。为什么中巴两国亲如兄弟？为什么国际风云变幻，两国关系却坚如磐石？这本书是一座桥梁，紧密联系着两国的人民，它将为您解答上述问题。

马苏德·哈利德

巴基斯坦驻中华人民共和国大使

2013年5月15日

译者序

　　此书的翻译，缘分天定。

　　2010年，巴基斯坦遭遇了百年不遇的特大洪灾，数千灾民无家可归，万顷良田毁于一旦。内蒙古师范大学鸿德学院部分师生看到消息后与周玉树院长商议此事，周院长派人联系了巴基斯坦驻华使馆，坦言愿尽绵薄之力，缓兄弟国家危难之急。学院本想使馆每日处理国家大事，对一所高校之言应该不会过分重视，却不料时任大使的马苏德·汗先生居然答应亲自来鸿德学院参加捐款仪式。大使是一国代表，居然答应来鸿德学院，这令全院上下激动不已，随后马上着手安排大使来校一事。我便被委派担任大使的翻译。

　　接到任务，喜忧参半，诚惶诚恐。

　　翻译做过多年，公司企业、政府单位，都曾涉足。但给大使级别领导担任翻译还是头一次。靠着以前自己对印度英语的了解，最终还是较为圆满地完成了翻译任务。

　　马苏德·汗大使对鸿德学院的善举评价颇高，虽然近20万元的捐款对一个国家来说是杯水车薪，但一个民办高校能胸怀海外，慷慨解囊，这让大使先生很感动。回到使馆后，他向巴基斯坦外交部汇报此事，巴外交部一为答谢鸿德学院，二为推动两国的教育文化交流，邀请鸿德学院一行25人来巴基斯坦进行为期一周的访问。

一个学校受一个国家外交部的邀请进行访问，这种待遇百年难遇。巴基斯坦外交部精心组织了访问路线，全程派车队、警卫队保护。访问期间，我校与拉合尔的一所学校——艾奇森学院（Aitchison College）建立了友好合作关系。这所学校建立于1886年，主要为巴基斯坦政治和经济界人士培养后继人才。当时的校长艾贾祖丁先生为积极推动汉语教学，甚至于深夜只身一人来到鸿德学院代表团所住酒店，与周玉树院长见面，商谈教育合作事宜。他渊博的知识、高效的办事风格给我们留下了深刻的印象。第二天，双方在艾奇森学院签订了合作备忘录，开展汉语语言交流项目。

双方离别时互赠礼物，艾贾祖丁校长把他出版的一本书（*From a Head, Through a Head, To a Head*，即《首脑之间——中美建交中的巴基斯坦秘密渠道》）送给了周玉树院长。周院长感谢之余问道："不知可否把此书翻译出来，让更多的中国读者也能拜读此书？"艾贾祖丁校长欣然同意。随后，周院长提议派遣我来艾奇森学院开展相关汉语语言项目，同时负责此书的翻译。艾贾祖丁表示"本希望周院长您能亲自来开展汉语项目"，但玩笑过后，他用充满希望的眼神看着我说："欢迎来艾奇森学院，如果这本书能在中国出版，我倍感荣幸。"

这样我就被派往巴基斯坦，开始了为期两年的汉语工作。其间乐趣颇多，收获甚益。一转眼两年过去了，工作完成了，书也翻译完了。周院长看完译文后很是满意，特为此书加上译名《首脑之间》，准备出版事宜。内蒙古的几家出版社觉得此书题材非常好，但涉及国际关系，没有出版的把握。几经联系，我终于和世界知识出版社的编辑部主任胡孝文先生取得了联系。他很看好这本书的题材，但需要取得原作者的授权书，向国家相关部门申报审批，通过后方可出版。

2013 年 10 月，鸿德学院邀请巴基斯坦驻华大使马苏德·哈利得先生到学院访问，同时接受鸿德学院为巴基斯坦俾路支省的捐款。其间，学院邀请大使先生为《首脑之间》作序，他愉快地答应了，但同样，他必须得到原作者的授权书才可以作序言。

于是我又一次飞往巴基斯坦，去取授权书。

但艾贾祖丁已不再担任校长一职。我在艾奇森学院多方打听，没人愿意告诉我他的联系方式。后来一位学校领导私下告诉我他的电话，同时说明他的卸任和政治时局有关，最好不要与他见面，以免引起不必要的麻烦。我心里很是诧异，不过是与他见面取得授权书嘛，"麻烦"二字，从何而来？但总算有了他的联系方式，我和他在电话里说明事宜，想约一个地点见面。

他安排司机在拉合尔的一个街道和我见面。我独自准时出现在街道，心里多少有些忐忑。巴基斯坦的安全问题举世皆知，以往我在外出时，都有保安跟随，可这时却很扎眼地一个人独自站在街道上，四处张望。不一会儿，一辆白色丰田停在我面前，司机打开车门，问道："Mr. TJ？"我听"暗号"正确，一弯腰，上了车。

这个司机不会英语，我只能用乌尔都语和他简单寒暄了几句，便不再说话。车子七弯八拐，驶到了一个高大的铁门前，被警卫拦了下来。这个铁门有四五米高，顶部有栅栏，两侧是厚实的水泥墙，水泥墙顶部是密集的铁丝网和探照灯。铁门的前面十多米处是数个黄色的水泥墩子，刺眼地林立在路上，车要想到门口，必须从水泥墩子中间缓缓地开过去。门口的警卫身着军装，胸口横挎着一柄自动步枪，挥手示意司机停车。他先问司机去哪儿，检查了他的证件，又叫他打开车的引擎盖和后备箱盖，自己先检查一次，然后又让一只警犬在车前车后嗅了几遍，才放手示意通行。他身后的另一个警卫很费力地推动大门，铁门缓缓打开，司机驾车而入。

大门后面的景象让我瞠目结舌。两侧是水泥砌起来的高台，左边两个，右边两个。每个高台上面，都有一个碉堡。碉堡四周由沙袋围起，每个沙袋中央赫然挺立着一挺机关枪，四个戴着头盔、穿着防弹衣的军人握着机枪，居高临下，警惕地看着我们。路边还有四个军人，不仅手里握着长枪，腰上还别着手枪，脸上杀气腾腾，让人不由得心惊胆战。司机倒是不慌不忙，镇定自若地驾车前行。离铁门十米左右，一排粗厚的铁管路障横在马路当中，挡住去路。值勤的武装警卫用对讲机通话完结后，缓缓拉起路障，待我们刚一通过，便又放下路障。一路上这样的路障有十多个，车子始终快不起来。

终于，车子在一个二层小楼面前停下。艾贾祖丁在门口微笑等候，看出我一脸疑惑，却不加解释，迎我进去。

待谈完授权书之后，他简单说明了此处为何如此戒备森严。原来此处是巴基斯坦最高法院大法官临时办公处、拉合尔省高级法官住所、国家高级领导人家人住所和国家领导人秘密会见所在地。因此这里的安保措施非常严格，一般人根本不能进入。而艾贾祖丁，曾担任过巴基斯坦文化部、教育部和环境部部长，在这里有一处住所。因为他是巴基斯坦的政治人物，因此他对自己的安全也非常注意。这次他向一位资深的中国朋友咨询后，最终同意《首脑之间》在中国的出版，并把他写的新书 *From a Minister's Journal*（《部长手记》）送给了我，同意我做此书的翻译。最后，他说第二天会安排人把授权书送到我的住处，并于来年访问中国时再见。

回来的时候，依旧是那个司机送我。一路上看着荷枪实弹的警卫，我心中感慨不已。自己无意中独闯巴基斯坦禁地，恍如梦中。

从巴基斯坦回到北京的早上，有幸和胡孝文先生在北京大学一见。可惜时间紧迫，不得已只能在北京大学一家小餐厅里找个座位，边吃早点边匆匆就出版事宜相谈。胡主任再三邀请我到世界知识出版社一谈，可惜未能如愿，遗憾不已，匆匆赶往飞机场。飞在空中，心中起伏难平。如此题材重大的一本书，却在一所小餐厅里决定出版。此次相逢，还欠下胡主任一顿早餐呢。

2013年12月底，鸿德学院受北京大学巴基斯坦研究中心邀请，参加了中巴经济走廊学术研讨会，有幸见到了多位中国驻巴基斯坦大使及参赞。其中就有前驻巴基斯坦大使陆树林先生。他在研讨会中谈到中巴两国关系时，特意说到了艾贾祖丁先生的这本著作和翻译事宜。原来艾贾祖丁先生不确定此书在中国的出版情况，特向他咨询过。而陆树林先生表示他希望更多的有志青年为中巴友好做出贡献，积极鼓励艾贾祖丁出版《首脑之间》的中文版本。陆树林先生甚至表示，他可以把此书英文版发行时请他作的讲话稿给我，收录为此书的一部分。

这难道不是缘分吗？

会后，终于有机会到世界知识出版社一访，不仅再见胡主任，还有幸见到出版社社长闵永年大使。他鼓励青年一代为中巴两国关系多做贡献，表示愿意推荐更多的书籍让鸿德学院承担翻译工作，以推动两国关系发展。会谈后，终得偿还当日欠胡主任的早餐。

中巴两国关系之好，在官方，更在民间，尤在青年一代。

愿此译书，能让更多的青年了解中巴友好历史，并走过桥梁，开拓新篇章。

感谢周玉树先生，他不仅仅是教育家，更是有着国际视野的战略家。

唐　俊

2014年1月10日

（声明：本书仅代表作者个人观点，不代表出版社、译者立场。书中涉及的文字、图片及历史档案系作者个人收集整理，译者不保证其资料的真实性、完整性，敬请读者阅读时予以注意。）

前　言

　　本书的核心内容包含49份绝密文档，编名为"中国关系"。这些文档由巴基斯坦总统叶海亚·汗收集整理，时间从1969年10月15日至1971年8月7日，包括周恩来、尼克松、基辛格和叶海亚·汗之间秘密交流的绝密文档信息。双方信息传递方法如下：白宫发出的文件先是口述或打印在没有任何标记的白纸上，亲手交给巴基斯坦驻美国大使希拉利①。再由他将口信打印或手写出来，放入外交公文袋（在极特殊的情况下使用特别信使），通过伊斯兰堡总统的秘书送交叶海亚总统。中方的回复是通过中国驻巴基斯坦大使直接交给叶海亚总统。叶海亚会让他的军事秘书通过外交部把中方的回复送到希拉利手中，然后再转交白宫。但是有一些消息，如收到信笺后的确认函，会用巴基斯坦外交部密码的形式发送到华盛顿或中国。

　　基辛格在回忆录中写道："希拉利说他无权将文件留给我，所以他只能慢慢地口述，我边听边记录。于是就出现了滑稽的一幕：一个来自古老而宗教色彩浓郁国家的代表，和一个西方资本主义国家的领导人，坐在那里一字一句地读，一字一句地写。本

---

　　① 阿迦·希拉利，1947年进入巴基斯坦外交部，1956—1959年任巴基斯坦驻瑞典大使，1959—1961年任巴基斯坦驻苏联大使，1961年任巴基斯坦驻印度大使，1966—1971年任巴基斯坦驻美国大使。

可以瞬间传送的文件，却不得不依赖多少世纪以来传统古老的简单办法：手写、传送、收信、阅读。一件具有划时代意义的重大事件，却要依赖这种书卷气十足且徒步送信的方式。"①

巴基斯坦之所以用这样一种隐秘的手法在中美之间传递信息，是为了符合华盛顿和北京的要求。这两个一直处于敌对状态的国家，尤其是华盛顿不愿在事情未取得任何实质性的进展之前，把这大胆至极甚至危险万分的主动示好行为公之于众。秘密交流渠道一旦公开，双方就得承认交往，并且笑对此事。请看1973年11月12日毛泽东和基辛格（时任国务卿）在北京的一段对话。

毛泽东：人们常说美国人不保守秘密。

基辛格：不错。

毛泽东：我认为美国人能守口如瓶。

基辛格：确实如此，任何资料只要在白宫，就不会外泄。

毛泽东：古巴危机，你到北京访问，你与苏联会晤，都说明贵国保密工作做得相当严谨。

基辛格：正是如此，只要是我办公的资料都会得到严格的保密。②

基辛格出版了两部回忆录：1979年出版的《白宫岁月》和1982年出版的《动荡年代》。这两本书和1978年尼克松写的《理查德·尼克松回忆录》，从多个方面多个角度地回忆了当时这一

---

① Kissinger (1979), p.701.

② Burr (1998), pp. 182–183.

重要历史，使世界对当时的历史事件有了更深入全面的了解。

　　读者在阅读这些回忆录时，能明显感觉到总统和其工作人员与中国进行秘密联系时的紧张情绪。基辛格和尼克松虽然宣称他们致力于全世界的和平发展，认为美国、中国和苏联的外交政策决定了世界格局，但还是经常使用一些秘密渠道与其他国家领导人交流，从而避免美国国务院及其他部门窃取情报。美国、中国和苏联三国虽然合作紧密，但还是相互为敌，关系紧张。

　　这很容易将尼克松和基辛格之间的关系比照成当代的詹姆斯·鲍斯韦尔（James Boswell, 1740—1795，英国家喻户晓的文学大师、传记作家、现代传记文学的开创者，出生于苏格兰贵族家庭。——译者注）和其导师塞缪尔·约翰逊[Samuel Johnson, 1709—1784，常被称为约翰逊博士（Dr. Johnson），英国作家、文学评论家、诗人和权威传记作家。——译者注]。只不过作为总统的尼克松能够表现得很像塞缪尔·约翰逊，但基辛格博士却决心要做风格独特的鲍斯韦尔。为了达到这一目的，他费尽心思保证自己对于任上所有官方文件的全权掌控。即便是尼克松在第二届任期中面临下岗的危机之时，他依然坚持将30多箱机密文件送往纳尔逊·洛克菲勒海岸防空保护中心。[①]

　　1977年，基辛格离开国务院时，把收藏的大量文件，如他在白宫和国务院时的档案及其他书面资料，移交给了国会图书馆。基辛格有权使用这些资料来撰写回忆录，但在2001年前或在他去世五年前（以迟发事件为准）这些资料不得与公众见面。[②]

　　基辛格虽然封存了档案及相关资料，但保密工作却并不像他

---

① 　Issaacson (1992), p.231.

② 　Burr (1998), pp. x–xi.

在1971年秘密访华时那样成功。他的回忆录本可以引起轰动，成为最权威的历史记载。最近，威廉·伯尔出版的《基辛格会谈秘录：与北京和莫斯科的高层秘密对话》，从某种程度上讲，意义不亚于人们发现的"死海古卷"（死海古卷，是目前最古老的希伯来文圣经抄本，被称为20世纪最伟大的考古发现。此古卷出土于1947年的死海附近的库姆兰。抄写的文字以希伯来文为主。内容包含了除《以斯帖记》以外的旧约全书，以及一些当今被基督教新教认为是外典，包括次经及伪经的经卷。这个圣经书卷和残篇的发现，对研究《希伯来语经卷》的传抄及古希伯来语和圣经文本的人具有深远的意义。——译者注）通过对这些记录的研究，我们可以从不同角度更加深入地了解这些公众伟人，而不是靠胡乱猜测。例如，有一次尼克松和周恩来总理聊天时谈道，如果他在1972年选举中取得连任（事实上尼克松的确做到了，他以60.7%的压倒性优势取得连任），他希望基辛格能继续在他身边和他一起工作。"他不愿再任，我却不能让他走。这都怪他要写的回忆录会透露太多内容。"

周恩来和毛泽东多年共事，形影不离，对基辛格的处境非常了解。他轻声提醒基辛格："好吧，如果你的愿望是恢复中美两国之间的正常邦交，而你却在愿望完成之前转身投入书籍的写作，我不认为这是你做事的风格。"

基辛格回答说，只要总统需要他，他就会留在总统身边。之后又补充道："无论如何，书是不写了。"尼克松打了个圆场，说书还是可以出版的，"不过只能写诗"。基辛格则答道："由于我的日耳曼血统，诗集估计得有400页。"[1]

　　基辛格和尼克松一起工作，直至尼克松任期结束。1974年8月，基辛格访华三年后，两位中美建交历史的设计师，再次坐到了白宫办公桌前。这次谈话气氛不是那么轻松。为了减少水门事件的影响，尼克松决定辞职，他让白宫办公厅主任亚历山大·黑格找来了基辛格。

　　"历史会比您的同时代人更公正地对待您。"基辛格说。
　　"那得看历史由谁来写。"尼克松回答道。[2]

　　尼克松和基辛格两人共同创造了一段历史，但两人书写的回忆录所描述的事件却不尽相同。另外两位为中美关系解冻做出巨大贡献的伟人——中华人民共和国的周恩来总理和巴基斯坦叶海亚·汗总统却没有对此事件做历史记载。周恩来总理是共产党员，是中国官员的典范，更愿意让历史本身做出评价。他温文尔雅、和蔼可亲，其一言一行本身就是历史资料，当然不用费心去自己写自己的历史。正如托马斯·卡莱（1795—1881）在《旧衣新裁》中所言："雄辩是银，沉默是金。"

　　1971年12月后，东西巴基斯坦分裂，叶海亚·汗交出总统一职，被"严密保护"起来，悄无声息，直到1980年去世。叶海亚·汗对他在中美两国建交这段历史中所扮演的角色只字不提，他希望别人的记录会证明他的历史功勋，我也希望此书能铭记他的贡献。在那个动乱的年代，他身为军事统帅、国家领袖，

---

　　① 《会话备忘录》，国家安全档案馆，华盛顿，编号3，1972年2月23日。基辛格的首部《白宫岁月》多达1500多页。
　　② Isaason (1992), p. 597.

却最终下野。他充当了中美两国交流的桥梁，值得让世界记住他的贡献。下面这段周恩来和尼克松之间的对话对他的贡献做出了评价。

周恩来总理：我们两人都欠叶海亚·汗一份情，他帮你我两国搭桥牵线。

尼克松总统：他是双方友好交流之桥。

周恩来总理：我们不应该也不能忘记，没有叶海亚·汗的帮助，基辛格是无法完成北京之行的，这样我们两人也就不能坐在这里会谈了。他为世界做出了贡献，世界应该记住他。①

如果叶海亚·汗的在天之灵听到了这段话，他会愿意把它写进自己的墓志铭。

F. S. 艾贾祖丁

拉合尔

1999 年 12 月

---

① 《会话备忘录》，国家安全档案馆，华盛顿，编号 3，1972 年 2 月 23 日。

致 谢

衷心感谢巴基斯坦前总统叶海亚·汗之子阿里·叶海亚·汗先生帮助我获得了中美两国交流的机密文件。当初是在叶海亚·汗的努力下,基辛格(时任美国国家安全事务助理)在1971年7月成功访华。

感谢威廉·伯尔先生及时而精彩的建议。他是华盛顿国家安全档案馆研究员和《基辛格会谈秘录:与北京和莫斯科的高层秘密对话》(纽约,1998)的主编。他的书最近在拉合尔出版,三周后,我居然能和他在华盛顿国家安全档案馆见面并会谈,让我受益匪浅,并最终完成了对叶海亚·汗的资料研究和整理。他的研究精辟到位,意义重大。我对他的感激之情,无以言表。

感谢美国驻孟加拉国前大使华渥德·B.夏菲尔。在我的研究遇到困惑时,他向我介绍了美国国家档案馆,还要感谢美国国家档案馆的工作人员及乔治·华盛顿大学的格尔曼图书馆的工作人员。

感谢伊斯兰堡外交部处长索那拉先生、中国驻巴基斯坦使馆一等秘书张式川先生、拉合尔美国研究中心主任伯尼·古特曼女士,他们为本书提供了大量关于中国、美国、巴基斯坦的文件资料。感谢巴基斯坦前外事秘书苏尔坦·穆罕默德·汗和巴思·巴布大使提供的无私帮助。

阿迦·希拉利这个名字会在本书中多次出现。感谢他在本书的编写过程中提供的大量文献资料及相片，为我指点迷津。在他的帮助下，我对中美建交中的秘密渠道有了更深入的了解。阿迦·希拉利意志坚强，机智灵活。虽然他现在已不在任，但还是竭尽全力为我提供了大量敏感谈判的宝贵资料。谨以此书献给他本人，表达我对他深深的敬意。他是谦逊儒雅、谨言慎行的外交家。

最后，感谢我的爱妻莎娜滋对我无微不至的关怀和支持。她和我相亲相爱，心心相印。

开　篇

　　1969 年夏天，美国举行了两次举世瞩目的历史性旅程。这两次旅程都极度危险，需要非凡的勇气和高超的艺术，在精心的安排下一步一步走向成功，令世界为之欢腾。这两次旅程分别是人类对太空认识的突破和两个大国间关系的搭建。

　　第一次历史之行是阿波罗 11 号探月之行，两位宇航员代表着自己的国家和整个人类登上月球并迈出了人类太空之行的第一步。第二次历史之行则是时任美国总统启动的中国之旅，它始于 1969 年 7 月，两年后由总统亲自指派的代表团终结。后者的旅行是去往遥远封闭的中国。这两大旅程都发生在尼克松总统执政期间，但都被认定为 20 世纪极具讽刺意味的事件：其一，阿波罗探月计划并不是总统本人热衷的梦想，而是前任总统 J. F. 肯尼迪一直以来的追求。其二，尼克松是人人皆知的反共产主义者，但他却成为第一个与社会主义国家中国建立联系的资本主义国家领导人。①

　　事实上，尼克松是何时不再对红色政权充满敌意的已无据可考。1969 年 1 月，尼克松就职后的一个月，他和法国总统戴高

---

　　①　1947 年 2 月 18 日，理查德·尼克松在国会发表首次演讲，"驳美国国会关于哈特·艾斯拉是头号共产主义特工的说法"。哈特·艾斯拉后来参加了一个反美组织。

乐① 在巴黎的一次会谈中谈到，中国已成为国际社会主义阵营不可忽视的一分子，他作为美国最高领导人，毫无疑问是最有能力、最有权威与中国和好的人选。

尼克松一边与戴高乐会谈，一边把话题引到了中国。他在回忆录中写道，"谈话时，我们俩的想法不谋而合，我们对中国认识不多，但不能让中国处在混乱的状态中孤立无援，西方应该了解中国，联系中国，熟悉中国"。

尼克松略做停顿，承认西方或许会利用中国来对抗苏联。"再过十年，中国发展强大了，我们就别无选择了。"

戴高乐回答道："最好现在开始了解中国，这样就不至于在中国发展起来后处于被动地位。"②

就在同一年，尼克松在与戴高乐会谈之后开始了代号为"月光之行"的全球访问计划。他飞往南太平洋欢迎阿波罗11号宇航员，然后飞往远东访问巴基斯坦。1969年8月1日，他在拉合尔停留了22小时。

当晚，叶海亚·汗在总督府设宴招待尼克松总统夫妇。尼克松回忆说，他曾两次以副总统身份到巴基斯坦访问，另有两次是以私人身份进行访问。席间，他引用了一位来宾迎接他时的一句话，说："这次我们将在巴基斯坦停留22小时，正好是美国两位宇航员在太空中停留的时间。"③

会谈期间，尼克松在他停留的22个小时中鼓励叶海亚·汗为中美往来牵线搭桥。叶海亚·汗当时是巴基斯坦军队最高司令

---

① 戴高乐（1890—1970），法国国家领导人，反战英雄。1958—1969年担任法国总统。他策划指挥了法国从阿尔及利亚及其他非洲国家殖民地的撤军。

② Nixon (1978), pp.373–374；同时还引自尼克松的《领导者》[Leaders (1982), p.74]。

③ 《曙光日报》1969年8月2日。

官，与周恩来在北京见过面并保持着联系。后来叶海亚·汗回忆道："他（指周恩来）并没给我明确答复，只是说会与我联系。后来我回到了拉瓦尔品第，才收到了周恩来总理的信息：'你代表我放手行动吧。'"①

尼克松离开巴基斯坦后，又飞到了罗马尼亚。他和尼古拉·齐奥塞斯库②也讨论了相同的话题，这位罗马尼亚总统也鼓励他和中国建立联系。当然，尼克松也预料到了罗马尼亚会把这次会谈内容透露给苏联方面。因此，尼克松在开展外交方面两手并行，利用资本主义国家巴基斯坦渠道和社会主义国家罗马尼亚渠道。

尼克松任职后对中国的政治态度的转变是逐步的，而被他选中并派往中国进行秘密会谈的特使的转变同样耐人寻味。这位特使就是亨利·基辛格博士。他和其他美国爱国者一样，尤其他本人还是从纳粹德国魔爪下流亡到美国，视共产主义为邪恶化身，就算不能消灭它，也不愿看着它成长壮大。不过基辛格和其他美国政治家的不同之处在于，他提前预见到了中苏两国关系有可能破裂，并不失时机地利用了两国关系的破裂为西方谋利。

由于在意识形态领域和其他方面的不同，中国和苏联两国开始出现决裂迹象。中国认为苏联在军事方面对其构成的威胁不亚于西方国家。基辛格在记录中这样写道，"1970年1月末，我看到一份关于周恩来和巴基斯坦驻中国大使谈话的报道，深受启发。谈话中，巴基斯坦大使了解到中国头号担心的是苏联，其次是日

---

① 1975年8月2日，叶海亚·汗向本书作者口述。尼克松在拉合尔的22个小时内部分时间是由总统叶海亚·汗陪伴的。叶海亚·汗说："巴基斯坦人都有一个习惯，夏天午饭后小睡一会儿。我建议你我都休息一下。"

② 罗马尼亚社会主义共和国首位总统，因亲近西方国家而闻名。

本军国主义的复活。周恩来并不认为美国对中国有多大威胁。我们如果先迈出双方交流的第一步，周恩来会做好准备欢迎我们并进行高层会谈"。其实，从这份报道上，我们不难察觉周恩来对美国向北京派遣高层代表的谨慎态度。①

1971年基辛格和周恩来会晤时，周恩来又一次提到了战争冲突的不确定性。基辛格在给尼克松的访问报告中写道："中国宣称担忧美国、苏联、日本联手对付中国，中国对苏联极其失望痛心，但对其卑劣手段不屑一顾。"②

周恩来总理在多次会谈中暗示了中国对其安全的担忧。1972年2月22日与尼克松会谈时，周恩来谈道："最糟糕的结果是你们几国联手向中国发动进攻。苏联从北部入侵，日本和美国从东部入侵，印度从中国西藏入侵。"③周恩来还讲道："中国并不是一个超级大国，谈不上与美国、苏联平起平坐。中国不过是一个发展中国家，力图避免成为大国或打乱世界格局，为国际带来困扰。"④

1973年11月12日，周恩来、毛泽东和基辛格在北京毛泽东的住处会谈时又谈到了这个话题。当时基辛格任国务卿，会谈内容如下：

基辛格：苏联企图制造美苏两国争霸世界的假象，这是苏联的诡计，我们当然不会上当。

---

① Kissinger (1979), p.687.

② 基辛格写给总统的备忘录，1971年7月17日，第19页；感谢华盛顿国家安全档案馆威廉·伯尔先生介绍这份资料，并允许我复印。

③ 《会话备忘录》，国家安全档案馆，华盛顿，编号2，1972年2月22日。

④ 基辛格写给总统的备忘录，1971年7月17日，第19页。

毛泽东：英雄所见略同，你对苏联的看法和我们的想法不谋而合。苏联确实有进攻中国的企图。

基辛格：哦，主席先生，以前我还以为这只是理论上的可能，现在我认为确有此事。我也曾向贵国总理和大使表达过这个想法。苏联的首要目的是想摧毁中国的核武器力量。

毛泽东：但中国核武器微不足道，根本构不成威胁。

基辛格：但苏联担心的是十年后的中国。

毛泽东：我说的是30年或50年后的中国，而在这么短的时间里，一个国家怎么能迅速崛起呢？

基辛格：嗯，如我所言……我认为，如果此事很不幸地发生了，那全世界每个人都会受到影响。为了避免这一灾难，美国会不惜一切代价采取行动，包括不与中国商量而单独行动。

（毛泽东的答复略带哲理，更富预言性。）

毛泽东：恐怕他们是心有余，而力不足。①

从中国角度来说，中国领导人了解美国还是始于上一任美国总统。1972年2月21日毛泽东与尼克松会晤时坦诚直率地表达了他对尼克松前任的看法，谈话时毛泽东也毫不掩饰，直接用第三人称来说尼克松。

毛泽东：前巴基斯坦总统向我们介绍了尼克松总统。当时中国驻巴基斯坦大使拒绝了这一建议，没有和你联系。他认为应比较一下约翰逊与尼克松两人谁更合适。叶海亚·汗总统说这两个人无法比较，他说约翰逊总统更像黑帮老大。真不知道他为什么

---

① Burr (1989), p.183.

会这么想。当然，我们对约翰逊总统也不敢恭维。我们对美国前几任总统都心存戒备，从杜鲁门到约翰逊，一直如此。

在共和党执政的八年里（在杜鲁门与约翰逊之间有八年的共和党执政期），你可能也没做好准备，解决这一难题。

周恩来总理：主要原因是约翰·福斯特·杜勒斯的政策。①

[约翰·福斯特·杜勒斯② 是50年代美国国务卿，对社会主义极端仇视。我们可以通过一件事了解他对社会主义的仇视。1954年在日内瓦举行的印度支那会议上，杜勒斯甚至下意识地拒绝与走上前来主动伸手的周恩来握手（有说此为讹传。——译者注）。因此，基辛格和尼克松都想修复之前的不愉快，在与中国恢复邦交一事中，主动伸出友好之手。]③

会谈中，毛泽东把球抛给了基辛格，问是否还有其他要补充的方面。基辛格说道："主席先生，世界格局风云变幻，中美两国都在不断发展壮大。我们以前认为全世界的社会主义国家都一样，但后来主席先生讲述了中国的革命方式与其他国家不一样后我们才明白其中差异。"④ 基辛格的评论概括了美国对世界形势看法的转变以及美国不得不理解并面对这样的变化。

假如尼克松从1969年开始着手与中国建立联系，那么毛泽东要花整整一年的时间来做出反应。1970年夏末，"当毛泽东公开告诉中国领导人他和华盛顿保持秘密联络并准备迎接美国特使到北

---

① Burr (1989), p.63.

② 约翰·F. 杜勒斯（1988—1959），艾森豪威尔任职期间的美国国务卿（1953—1959）。

③ Nixon (1978), p. 559; Kissinger (1978), p. 742.

④ Burr (1989), pp.63–64.

京访问时，中国的领导人都大吃一惊"①。一次，巴基斯坦外交部长阿沙德·侯赛因来华访问时，毛泽东开玩笑地问他："难道你不害怕吗？你现在面对的是声名远扬的国际强盗、臭名昭著的游击队领导人，这不正是美国对我的描述吗？"②

毛泽东对世界格局有着惊人的理解和洞察。据他的医务人员介绍，毛泽东酷爱旅游。③毛泽东很少走出国门，可对于风云变幻的国际格局却了如指掌。难怪尼克松和毛泽东历尽周折终于见面后，尼克松称赞毛泽东"使中国焕然一新，让世界为之改变"。毛泽东则不同意地说道："我改变不了这个世界，我只能改变北京附近的一些地方。"④

如果说毛泽东是穿着平民服装的王者，那么，周恩来则是他身边的重臣。周恩来温文尔雅，和蔼可亲，不卑不亢。见过毛泽东的宾客都认为毛泽东可以被比作光辉四射的太阳，他是一个光源，而周恩来可以被比作月亮，借助太阳的光芒而闪闪发光。很多认识基辛格和周恩来的人普遍对周恩来的评价更高。（基辛格的助理曾经这样评论基辛格："权威背景下的典型产物，对同事两面三刀，对下属独断专行，对上司阿谀奉承。"⑤）

周恩来和尼克松年龄相差20多岁，但他还是凭借自己的精确判断、过人的智慧和长远目光克服了两国的政治障碍，圆满完成了架桥任务。

---

① Burr (1989), p.14.

② Khan (1997), p.209.

③ Li (1996), p.128；毛泽东经常旅游，很少在北京。有时一走就是好几个月，仅仅在五一和十一回来，接见外国宾客。

④ Burr (1989), p.63.

⑤ Isaacson (1992), p.100.

　　1938年基辛格移民美国，在这之前他曾经在德国学习。周恩来在20年代也曾到德国留学，此外他在回到中国参加革命运动之前，曾在法国求学。周恩来虽然在欧洲接受过教育，可令他学到最多实际知识的，还是自1934年开始的万里长征。新中国成立后，他被任命为中华人民共和国总理，直至1976年逝世。

　　周恩来同时还担任中华人民共和国外交部长一职。在他漫长而杰出的政治生涯中，他代表中国政府参加了不计其数的国际会议。最为著名的就是1955年的万隆会议。出席会议的有苏加诺、铁托、纳赛尔、周恩来、尼赫鲁等许多新兴国家的领导人。他们代表着刚刚摆脱帝国主义统治却不知道国家发展道路在何方的一些第三世界的国家。

　　尼赫鲁的传记作者塞维派利·高坡披露说，尼赫鲁1954年访华，和中国政府建立了良好的信任关系，他把自己看成万隆会议上的"生产部门经理，而不是英雄人物，要不是他自己选择放弃的话，周恩来也不会成为大会的中心人物。周恩来在万隆会议上备受瞩目，颇具风度，使得印度总理相形见绌，尼赫鲁觉得这是他的功劳"[1]。

　　在万隆会议上，周恩来还见到了巴基斯坦总理M. A.博格拉。[2]双方互致邀请访问。周恩来特别感谢巴基斯坦于1950年1月4日承认中华人民共和国的成立。尽管巴基斯坦后来做的一件事让两国关系蒙上一层阴影：四年之后，据中国认为，巴基斯坦在美国的指使下加入了遏制中国的东南亚条约组织，但两国官方的关系一直发展良好，亲如兄弟。周恩来向博格拉发出的邀请在

---

　　[1]　Gppal (1979), II, p.241.

　　[2]　穆罕默德·阿里·博格拉，巴基斯坦第三任总理（1953—1955）。

巴基斯坦下一任总理H.S.苏拉瓦底①身上实现了。1956年10月,H.
S.苏拉瓦底应邀访问了北京。之后,周恩来回访了巴基斯坦,巴
基斯坦一位好意却粗心的记录员把周恩来在达卡的访问写为"中
巴关系的水位线"。

万隆会议后,中国很快向巴基斯坦表示"中国和巴基斯坦两
国没有利益冲突,不存在有损两国友好关系的利益争执,但中巴
两国的关系并不适用于中印两国,有可能中印在将来会发生利益
方面的冲突"②。这个声明暗示了中国和印度之间爆发战争的潜在
可能。后来,中印两国于1962年爆发军事冲突。中国军队和印度
军队在拉达克地区兵戎相见。周恩来后来向基辛格说明了当时的
情况:"这次冲突发生在新疆西部的一个高原地区,印度所属领土
在喀喇昆仑山脚下,起纷争的地区在山坡这一区域。"

基辛格补充说:"印度方面称这一地区为拉达克。"

尼克松说:"他们向山顶发动进攻。"

周恩来接着说:"印度给我们造成了很大的伤亡,但我国的
驻守战士还是英勇作战,打退了来犯敌军。苏联塔斯社却不分是
非,说是中国侵略了印度领土。"③

中国领导人坚持认为,印度在苏联的鼓励下先发动进攻,是
这次事件中的侵略者。周恩来感到被赫鲁晓夫摇摆不定的立场所
欺骗:"他(赫鲁晓夫)声称印度方面伤亡人数比中国多,所以印
度是中国军队入侵的牺牲品。这是多么荒唐的逻辑。如果以伤亡

---

① 侯赛因·沙希德·苏拉瓦底,巴基斯坦第四任总理(1956—1957)。

② Williams (1962), p.120.

③ 《会话备忘录》,国家安全档案馆,华盛顿,编号3,1972年2月23日,第3页。

人数来判断谁是入侵者，那二战末期希特勒败战连连，被俘虏的士兵成千上万，如此一来，希特勒反而是受害者了。"①

关于中印边境冲突有很多报道，中国认为比较客观（代表中国观点）的报道是那维·马克斯维尔出版的《中印战争》。②1971年，尼克松在白宫办公室与印度女总理英迪拉·甘地会谈时特意提到此书，说"这本书谈到的中印战争起因非常有意思"。但英迪拉·甘地对此并不认同，周恩来听后付之一笑。③

经过这次中印边境冲突，印度明白了两件事：第一，中国和印度两国不可能亲如兄弟，共同携手对抗大国集团；第二，印度很不情愿地发现中国的实力强于自己，不得不重新审视自己的对手。

巴基斯坦与中国、印度互相接壤，前政府虽然经由民主选举，但软弱无能。1958年，阿尤布·汗被任命为军事管制首席执行官，并掌握了国家政权，并自1962年始成为巴基斯坦国家总统。阿尤布用他的军事能力治理国家，深知和中国协调好边境问题的利害关系。说起来也真是不可思议，15年前两国在谈判桌上的协商结果，造就了现在的边境。这条边境线到底在哪儿，多年来竟然一直不为人知，直到克什米尔地区冲突，人们才开始重新重视边境问题。

中巴边境谈判开始于1962年5月3日，双方谈判持续了不到10个月，于1963年2月结束。双方签署了《边境协议》，划定了

---

① 《会话备忘录》，国家安全档案馆，华盛顿，编号3，1972年2月23日，第4页。

② Maxwell, Neville, *India's China War*, London, 1970.

③ 同①，第3页。

新疆与巴基斯坦实际控制的克什米尔地区的分界线。[1] 阿尤布政府外交部长佐勒菲卡尔·阿里·布托高度赞扬了此次谈判。印度指责巴基斯坦在谈判中出卖国土，佐勒菲卡尔·阿里·布托予以否认，称没有对"甚至一寸土地"做出让步，相反，他为巴基斯坦争取了750平方英里的国土面积，而这750平方英里的土地，原先"一直处于中国控制之下"[2]。据巴基斯坦官方公告，"中巴边境由此成为'一条和平宁静的边境'"[3]。

苏联和印度携手合作，虎视眈眈，中国和巴基斯坦若不并肩同行，则是政治上的巨大失误。外交部长佐勒菲卡尔·阿里·布托于1963年3月访华，1964年2月18—26日周恩来进行回访，第二次来到巴基斯坦。阿尤布·汗总统对这次访问高度重视，街道上站满了列队欢迎周恩来的学生，从机场到卡拉奇市中心沿途都有身穿军装的军人护卫（只有一些私人领域例外）。阿尤布·汗总统为巴基斯坦的工业发展深感自豪，因此特意安排周恩来总理到卡拉奇一所最大的纺织厂进行参观。英国驻巴基斯坦高级官员摩瑞斯·詹姆斯也是当时应邀的参观宾客之一，他写道："后来，周恩来总理一行在厂长阿赫默德·达乌德先生[4]的带领下参观了达乌德纺织厂。厂长说，近几年由于工厂不断采取提高工人福利的措施，因此工人数量猛增。最后他做了一个惯常的总结：如果其他工厂主能以他的模式为典范，那么在工厂劳动力中就不会存

---

① 周恩来："中国曾和不丹就边界事宜谈判过，后来又和巴基斯坦谈判。但这次谈判引起印度不满，因为印度认为在谈判中中国占领了属于印度领土的国界部分。"（《会话备忘录》，国家安全档案馆，华盛顿，编号3，1972年2月23日，第25页）

② Wolpert (1993), p.112.

③ *Pakistan Year Book 1969*, p.126.

④ 阿赫默德·达乌德先生，巴基斯坦纺织业企业家。

在对共产主义的追求。周恩来听后做出了适当的回复，但未予以
肯定。"[1]

摩瑞斯在记录中更加认真地评价周恩来对巴基斯坦的访问所
带来的益处："在政治上以极小的代价换来了巨大的收获。公报中
关于克什米尔问题的规定与他们设想的完全一致，而更重要的是
巴基斯坦和两个社会主义大国之一的中国建立了友好关系，而且
中国并未像苏联那样要求巴基斯坦退出东南亚条约组织和中央条
约组织。"最后他总结道："看来阿尤布对不结盟运动政治游戏的
了解，要比发明者印度强得多。"[2]

1963年8月，中巴签署了航空协议，自此以后，巴基斯坦国
际航空（PIA）就成为首个在中国开通航班的资本主义国家航空
公司。这趟航班从达卡起飞，途经广东，飞往上海。美国政府对
此很是恼火，下令停止了对达卡机场建设的贷款。

1962年的中印边境冲突是否和1965年的印巴战争息息相关，
现在尚存争议。第一次的冲突使双方看清了对方的真实面目。正
如预料的那样，苏联支持印度，中国支持巴基斯坦。美国呢，既
看到了印度作为地区大国的重要性，又对巴基斯坦竭力亲近中国
感到不满。

1960年，巴基斯坦驻联合国代表佐勒菲卡尔·阿里·布托就
美国制裁中国投了反对票，华盛顿立即通过巴基斯坦外交部长施
加压力，强制撤销了佐勒菲卡尔·阿里·布托在联合国大会的投
票权。[3]

1963年，佐勒菲卡尔·阿里·布托代表巴基斯坦在华盛顿出

---

[1] James (1993), p.112.

[2] James (1993), pp.113–114.

[3] Wolpert (1993), p.65.

席了肯尼迪的葬礼。"约翰逊总统毫不掩饰他对巴基斯坦外交政策转变的不悦之情，同时询问巴基斯坦和中国的亲密程度以及他和苏加诺的私下交往。"①

1971年7月基辛格到北京访问，佐勒菲卡尔·阿里·布托对此并不感到特别欣慰。他自己曾力促两国交往，他抱怨道："巴基斯坦和中国交往政策的正确性一直不被认可，直至后来美国自己认识到世界格局的变化，开始和中国修好，多么具有讽刺意味啊！早在1965年至1966年间，我就向约翰逊总统和国务卿鲁斯克②提议巴基斯坦可以作为中美关系的桥梁，我也和鲁斯克在卡拉奇探讨过此事的可行性。对此阿尤布·汗总统还警告我'不要自找麻烦'。但在我提议的五年后，1971年，叶海亚·汗却安排基辛格秘密飞往北京与中国领导人会谈。"③

阿尤布·汗总统和他那具有外交才华却爱生气的外交部长相处甚好，但始终比不上毛泽东和周恩来的默契关系。他们两人的关系倒有些像尼克松和他爱惹麻烦的助理基辛格一样。如果尼克松发动越南战争时基辛格就在身边，尼克松根本没有后顾之忧，因为他可以让基辛格为他解围。阿尤布·汗也发动了战争但他不需要布托为他解围。在他看来，对他的地位有潜在威胁的佐勒菲卡尔·阿里·布托可有可无。

在最近出版的阿尤布·汗的传记中记载，阿尤布的前信息部长阿尔塔夫·高哈尔披露了1965年的那场战事，当时阿尤布忧心忡忡，不得已向美国总统林登·贝恩斯·约翰逊求助，但遭到拒绝。9月10日至20日，他在佐勒菲卡尔·阿里·布托的陪同下

---

① Akhund (1997), p.298.

② 迪安·鲁斯克，1961—1969年任国务卿。

③ Bhutto (1976), p.21.

飞往中国寻求帮助。周恩来和陈毅接待了他们两人，并进行了会谈。这次会谈后来被公开披露，使得当年受过战事影响的人感叹不已。

　　阿尤布·汗介绍了巴基斯坦所面临的军事危机。印度依靠人数上的优势，嚣张狂妄。西方国家一边在暗地里支持印度，一边同时劝说苏联充当调解人。周恩来回答道，在持久战中，人数优势是起不了作用的。就算巴基斯坦的一两个城市被占领，爱国的巴基斯坦人民也会奋起反抗，保家卫国，痛击侵略者。他谈到了中国在解放战争中虽然面临敌众我寡的劣势，但还是取得了最终的胜利。阿尤布·汗说旁遮普省地势平坦，如果大敌当前，游击战发挥不出作用。这时陈毅讲道，地面上的每条渠、每个高点都可以作为掩体。周恩来补充道，而且中国在后方会支持你们。"中国会支持我们多久？"阿尤布·汗问道。周恩来直视着阿尤布·汗，坚定地说道："中国会一直支持下去，但你们绝不能放弃，就算被迫撤军到山脚下。"阿尤布·汗对周恩来的大力支持感动得说不出话来。后来他问道："这样做是不是太冲动了？"周恩来微微一笑，提醒阿尤布·汗不要向美国的压力屈服。"千万不要相信苏联，他们的话靠不住。"阿尤布·汗向周恩来保证道："巴基斯坦是中国忠心耿耿的朋友，请转告毛泽东主席，我绝不会像尼赫鲁那样背信弃义。"谈话最后，双方确立了巴基斯坦做好持久战的准备，绝不放弃，哪怕一些大城市比如拉合尔被攻占也不会改变立场，而中国则会给予全面支持。不过，就算印度占领了巴基斯坦一些地区，也只能让巴基斯坦人民更加团结，使侵略者陷入全国人民的抵抗运动中。阿尤布·汗和佐勒菲卡尔·阿里·布托没有这样的思想准备。巴基斯坦外交部能做到的就是出快招迫使印度回到谈判桌上，阿尤布·汗没有预见到印度军队能顶住几次猛烈打击，布托也没打算让巴基斯坦和印度打一场持久战，因为巴基斯坦的陆军和空军打不起持久战。[①]

由于中国的鼎力相助，巴基斯坦和印度停止了战斗，在苏联部长会议主席柯西金的调和下开始谈判。1966年1月10日，巴基斯坦总统阿尤布·汗和印度总理拉尔·巴哈杜尔·夏斯特里在塔什干地区签署了一份停战联合声明，宣称"两国完全恢复友好和平的国际关系"，双方撤回到1965年8月5日前的实控线。这场战火终于熄灭。塔什干的落幕，如同切尔诺贝利核泄漏事件中放射的尘埃一样，在历史中飘荡。值得让人回忆的是，印度总理夏斯特里当晚去世，六个月后佐勒菲卡尔·阿里·布托被撤销外交部长一职，三年后，阿尤布·汗迫于国内局势，交出政权。

不管巴基斯坦军方在这次事件中吸收了什么教训，不管周恩来和陈毅在1965年的战事中给了什么建议，这一切很快就被人遗忘。1966年8月，巴基斯坦商务部长古拉姆·法鲁克陪同巴基斯坦军事代表团访问中国，周恩来总理接见了他们，并不计较这出似曾相识的一幕。苏尔坦·穆罕默德·汗大使记载如下：

代表团在最后一天受到周恩来总理接见。他说中国会提供军事物资清单上的物品，运送时间会尽快确定。但由于越南方面的因素，运送时间可能会延长。周恩来说已经看过军事物资清单，但他想知道这些数量是基于什么原因的考虑。

一位将军答复说，这些军火是为两周的军事需求准备的。但

---

①　Gauhar (1993), pp.352–353.

周恩来立刻反问道："两周后怎么办？一场战争能在两周内打完吗？"

这位将军进一步解释道："巴基斯坦希望在这两周内，联合国安理会召集双方进行和谈，双方停战撤军，回到各自国境内。"

周恩来说："恕我直言，如果你们早已计划好要恢复到从前的状态，那么还为什么要开战？为什么一定要牺牲战士，浪费经济？打仗不可能按预先计划好的时间表来运行，打仗一定要有长期备战计划。"此时无人应答。

周恩来讲道："作为朋友，我很想知道你们会不会发动群众深入敌人后方，如果前线失守，巴基斯坦的群众会不会破坏敌人的通信，截断供给，折磨敌人。我是说以每一座城、每一个村为基地的人民军队。因为巴基斯坦没有工业基地提供补给，这种防御方式最为合适不过。"

代表团的成员半天沉默不语。把武器发给群众？天方夜谭。这甚至有违巴基斯坦宪法。发动群众打持久战？巴基斯坦这些军事专家可是头一次听说。

周恩来又列举了一些他拿手的战略战术——中国共产党的军队是如何打赢抗日战争和解放战争的。

周恩来说道，与其在前线与敌人一拼死活，不如在适当地点把敌人分成几截，分而击之。周恩来握紧拳头说道："打一下可以给予敌人重创，但如果切断一根手指，那敌人不仅是五分之一，而是一半的力量都丧失了。零散杀敌数量再多也不如彻底消灭一营一旅，因为这样一来敌人必然军心不稳，这是我们长期作战的经验。"

可惜没有人听取周恩来的建议。奎塔军事学院的军事教义源于工业帝国英国，巴基斯坦对中国在长期实战经验中取得的游击战术难以理解。

当晚，代表团在我家晚宴。他们看起来心事重重。其中一位将军提了提衣领，说道："战争事关重大，当然应该由专门的军事专家负责。你能想象民兵吗？他们能干什么？只能在打仗时添乱。"最后他问道："周恩来对打仗知道多少？"

这位将军如此无知，我当时目瞪口呆。他在与周恩来见面前居然没有阅读使馆准备的周恩来的资料介绍！所以我提醒他，周恩来身经百战，他是中国共产党中央军委副主席！[①]

大使的这段记录曾被完整地披露。它反映出巴基斯坦对于军事力量强大的中国一知半解。有人说"巴基斯坦爱中国是有所求，而中国爱巴基斯坦则是无所求"。20世纪60年代后期，中国给予巴基斯坦大量的经济援助和工业援助，特别是对在印巴战争中巴基斯坦处于劣势时的支持，恰恰验证了这种说法。

1967年，经双方协商，封闭了20多年的中巴陆地通道再次被开通，这条通道便是闻名于世的"丝绸之路"。1971年2月，中巴友谊公路正式完工，这条友谊之路连接着吉尔吉特、喀什和红其拉甫山口。后经双方同意，这条友好之路升级为国际公路。这条公路，前后花费20多年，倾注了大量中巴工人的心血和汗水，终于在1978年通车。1986年，这条公路向全世界开放。这条公路是现代工程的典范，沿途有100多座桥梁、1700多个下水道，路面可供两辆坦克并排驾驶。

塔克西拉是一座历史古城，公元403年，法显到过这里。公元520年，宋云到过这里，公元630年，玄奘到过这里。现在，

---

① Khan (1997), pp.182–184.

中国在此建立了塔克西拉重机厂。授人以鱼不如授人以渔。中国政府帮助巴基斯坦在东巴基斯坦建立军工厂，1970年3月完工后举办了落成仪式。

除此之外，中国政府每年邀请巴基斯坦代表团访问中国，庆祝新中国的国庆。1969年，巴基斯坦陆军中将阿布杜·哈米德·汗率团访问中国。第二年，陆军中将阿提克·拉赫曼也被邀率团到华访问。

在外交战线上，巴基斯坦为中国恢复联合国席位而不遗余力。尽管中国努力争取到了半数投票，但离2/3投票通过还有差距。结果，中国在21年里第20次被联合国拒之门外。中国对于这样的蛮横待遇早已司空见惯了。国际社会像福斯特·杜勒斯一样，在过去的27年里，一直拒绝向中国伸手，但最终在1971年，它向中华人民共和国伸出手，欢迎其加入联合国。如果此举被认为是中国外交的胜利的话，那么它至少也是对巴基斯坦扮演的支持中国的角色的无声称赞。

另外，巴基斯坦在中美建交中牵线搭桥，不为外界所知。巴基斯坦秘密安排基辛格飞往北京与中国领导会谈。基辛格在回忆录中写道："这件事只有我和尼克松总统知情，一国总统为我们秘密联系，精心安排，我们非常感激他。"[1] 但苏联外交部长安得烈·葛罗米柯对此并不赞同。他在回顾苏联与巴基斯坦的关系时对巴基斯坦不顾本国主权独立而冒险、大胆的行动大加讽刺说："真是令人难以置信，他们心甘情愿被他人利用，充当工具，结果损害自己的国家利益。"[2] 果然，时隔不久，巴基斯坦为此付出

---

[1]　Kissinger (1979), p.849.

[2]　Gromyko (1989), p.247.

了巨大代价。

在为基辛格铺路去北京的问题上，尼克松和基辛格都要争功。这不难理解，他们两人都不合群，神秘兮兮，对别人和对彼此都不开诚布公。[①] 他们都知道，单凭一己之力，不管是谁都不能完成这一使命。命运使他们走到了一起，但自负又使他们保持距离。人们常说，成功的原因有千千万万，但在基辛格成功访问北京一事上，他们不再推脱客气，争着为自己表功。

显然，尼克松一直想成为第一位访问中国的美国领导人，但基辛格占了他的风头。尼克松本想在与中国领导人的最终会谈当中不再让基辛格出现，但结果还是没能如他所愿。尼克松为了挽回颜面，下令基辛格这样对外宣传他的形象：强势有力，势不可当。他甚至草拟了一份个人优秀品质列表，"他走进会议室，比任何一位都显得胸有成竹。会议结束时，人们都觉得总统先生镇定自若，对诱惑置之不理，尤其在中国人面前完全不理会坚果和其他小吃"。基辛格看到这份列表时表示："一些事实的确如此，但另一些则莫名其妙。"[②]

1971年7月9日清晨，基辛格在乘飞机飞越世界最高峰时激动不已，他一定在为北京之行而感叹世事的不可思议。当时他所乘坐的飞机是巴基斯坦的，空乘人员是巴基斯坦提供的，计划也是通过巴基斯坦实施的。然而九年前，基辛格在新德里机场的新闻发布会上还曾就中巴两国密切交往一事评论说："巴基斯坦做出这么愚蠢的举动，真是令人费解。"[③]

---

① "他们在外交政策管理方面采用密谋的方式，努力不让别人了解事情真相，即使这样是意味着欺骗他人。"[劳伦斯·伊格尔伯格所言，转引自 Isaacson (1993)，第209页]

② Isaacson (1993), pp.406–407.

③ Kissinger (1979), p.847.

不仅如此，任命他秘密访华的总统本人，崇尚日本人和德国人的血性，认为印巴次大陆上的民族，"因环境温和，而没有强硬的风格" [1]。

基辛格本人是个犹太人，他有意识地对总统的反犹情绪睁一只眼闭一只眼，在白宫里尽量宽容。他曾对他的助手温斯顿·洛德说过："我在重要问题上与他争执不休，这已经让我疲于应付了，哪里还顾得上理会他对犹太人和黑人的态度。" [2]

基辛格虽然开始着手准备中国之行，但其访问成功的可能性到底有多大，他心里也没有把握。当尼克松表示他想在他第二个总统任期内完成对中国的访问时，基辛格仅仅说"很有可能成功"。

这一机会终于来了，但先来到基辛格身上。

当巴基斯坦国际航空公司的波音飞机飞入中国领空时，基辛格的助手温斯顿·洛德有意把身体向前倾了一倾。这样从理论上讲，他就成为第一个进入中国领空的美国官员。不过此举并没有太多的实际意义。1971年7月9日12点15分，巴基斯坦国际航空公司航班降落在北京附近的一个空军机场，基辛格从机舱出来，沿着舷梯，踏上了中国的领土。

这是美国外交的一小步、世界外交的一大步。

------

[1] 《会话备忘录》，国家安全档案馆，华盛顿，编号4，1972年4月24日，第28页。尼克松关于次大陆的评论被加黑标记为"经修正"，然而基辛格对此注解说"总统是指美国印第安人"，这一注解实为画蛇添足。

[2] Isaacson (1993). p.148.

第一章　联络

　　尼克松总统首次的正式主动联络开始于1969年8月巴基斯坦的拉合尔会谈。叶海亚·汗文件中第一份正式记录中的记载日期为三个月后的1969年10月10日，由当时的谢尔·阿里·汗·帕图丁将军①发给叶海亚·汗。这份信息经由巴基斯坦驻华盛顿大使馆密电传送，上面标有"绝密，总统亲启"字样。

　　刚刚见过基辛格。传达了您要告诉尼克松的信息。为保证事情顺利进行，他同意提升此次行动机密程度为最高级别。他从美国政府立场出发，说会慎重考虑，过几天由希拉利转告我们。为了营造两国联络良好的政治氛围，美国表示可以撤回台湾海峡的美国舰队，但这并不改变美国的对台立场及态度。他要求此事绝对保密，建议您迅速召见中国驻巴大使张彤②，并亲自传达此事。
　　我正在与一些地方官员建立联系，希望对我们日后行事有

---

　　①　谢尔·阿里·汗·帕图丁，曾任巴基斯坦阿尤布·汗政府的军队总参谋长。1969年8月至1970年12月，他担任信息广播局局长，性格固执，常与叶海亚·汗总统意见不一。有传言说他确曾被撤职，因为叶海亚·汗觉得他不称职。值得庆幸的是叶海亚·汗没有采用谢尔·阿里·汗·帕图丁的意见，因为他政治上未经训练，常常在一些问题上主观臆断，有失客观。[Feldman (1976), p.97]
　　②　张彤，1969—1974年任中国驻巴基斯坦大使。

益。见面后详谈，真主保佑。

叶海亚·汗于10月13日收到信息，看过后对军事秘书下令"保存起来，等谢尔·阿里回来后再议"。

五天后，10月15日，希拉利向叶海亚·汗写了一封长信。

亲爱的总统先生：

尼克松总统想启动中美两国关系的破冰之旅，不知我们在这方面进展如何，是否向中国领导人传达了相关信息？我并未向外交部提出此事，因为尼克松总统特意提过，而且您也同意保密，此事的进行不要通过国务院和外交部。

谢尔·阿里告诉我您想了解基辛格对此事的看法。我问他有没有取得什么实际进展，他说您还未同中国方面进行联系，因为您仅仅想让最高层参与，也就是说，除非您亲自到北京或者周恩来到巴基斯坦，否则计划不可行。谢尔·阿里还说在与中国取得联络前，最好先了解一下美国希望我们在此事中如何具体操作。

我按计划带谢尔·阿里和基辛格会面，并就会议内容于10月10日向您发送了543号密电。同时附上我自己记录的会谈记录。[①] 可以推断美国想打破与中国冰冻关系的僵局，但我们尚不清楚美国是否和中国有其他方式的秘密联络。[②] 我已转告基辛格我们想等候周恩来的访问，但从基辛格和谢尔·阿里与我的谈话可以看出美国希望巴基斯坦能代表美国先和中国联系。

就今天越南停战游行一事我已向外交部苏尔坦·穆罕默

---

① 参见附录A。这四页有巴基斯坦大使馆抬头的信件由希拉利亲自书写。
② 希拉利显然对罗马尼亚渠道毫不知情。

德·汗致电[①]，可能您已经过目。尼克松政府和共和党人也感到压力重重，考虑从越南撤军。游行起因不过是一小部分学生示威，现在却一发不可收拾，全国各行各业百姓都在声援。几乎是在一夜之间人们失去了对尼克松政府的信任，不再相信政府的撤军计划。政府和百姓之间的信任再次出现危机，当初约翰逊总统正是因此而黯淡收场。有消息说美国政府正在积极寻找第三世界国家充当调和角色，以此促成美国和越南在巴黎会谈。我深知法国政府在这件事中也扮演了重要角色。

如果我们在这个时候帮助尼克松政府，那么估计将对我们相当有利。我们在河内没有代表，在北越也没有优势，因此在越南一事上为美国帮不上太多的忙。但若是能在美国与中国交往初期帮助美国政府，则是一个取得美国信任和好感的重要机会。由于中巴关系牢固，我们和中国取得联系不成问题。

阿布杜·哈米德·汗上将近期访华，您是否通过他向北京高层传达了信息？[②] 如果是，请尽快把中方的反馈传给基辛格。基辛格已经在催问我是否联系了中国（参阅附件记录）。

另，是否可以告诉基辛格，我们已经向中国大使转告了关于美国撤走在台湾海峡布置的两艘军舰一事？

叶海亚·汗总统于10月24日看到此信并下令军事秘书"保存此信"。

---

① 苏尔坦·穆罕默德·汗曾担任英国驻印度军队军官，参与一些与印度相关的政治事务。1947年后开始在巴基斯坦外交部工作。20世纪50年代，负责巴基斯坦驻华使馆工作。1966—1968年担任巴基斯坦驻华大使。后担任外事秘书。1972—1973年担任巴基斯坦驻美国大使，1974—1976年担任巴基斯坦驻日本大使。

② 阿布杜·哈米德·汗，陆军参谋长，1969年10月访华。

1970年2月14日，巴基斯坦外事秘书苏尔坦·穆罕默德·汗（当时他对此事尚不知情，被伊斯兰堡的上级叶海亚·汗总统和远在华盛顿的下级希拉利蒙在鼓里）向基辛格写了一封信，让希拉利大使转交：

最近美国政府的积极主动态度让中国深受鼓舞。中国认为美国无意与苏联合作共同对付中国。但中国可能存在顾虑，认为中国与美国联络是示弱的表现，或是害怕苏联的表现。双方如果在此基础上开展对话，则会影响两国日后的关系。中国在看待两国交往一事上异常谨慎，但还是愿意与美国开展对话，消除隔膜。可以预料到双方的谈判将会漫长而且艰难。有些谈判甚至仅仅是为存档而谈，但相信两国会通过和平谈判解决一些问题。越南战争不可能扩大，中美之间存在冲突的可能性更是微乎其微。

1970年2月23日，希拉利大使在华盛顿给叶海亚·汗写亲笔信，信件上标有"总统亲启"字样。信的内容如下：

外事秘书苏尔坦·穆罕默德·汗亲笔向我发了一封绝密信件（为便于阅读，我已将此信整理打印），他让我把信交给基辛格，是以您写给尼克松总统的名义。我已完成此事，并通知苏尔坦，见附。信上写的是今天的日期。下面是基辛格的口述回复，我尽力用他的语音来叙述：

"昨晚，尼克松总统和我（基辛格）在戴维营探讨了此事。他非常感谢叶海亚·汗所做的贡献，想请叶海亚·汗向中国政府传达下面的消息：白宫无法控制国内人民和媒体关于华沙会谈的评论①，但白宫保证不会发表由于中国畏惧苏联而想与美国对话的类似言论。主要困难在于，双方如果通过正式渠道谈判，如华沙会谈，白宫方面很难保持沉默，做出正确的决策。因为公众在关注着美国的一举一动。如果北京方面同意，尼克松愿意与北京建立专线联系，白宫保证这条专线不会被外界得知。白宫和我们可以确保万无一失。"②

这条消息向您传达后，基辛格特意要求我亲笔给您写信，而不用电报。（不知您是否会要求中国驻巴基斯坦大使这样做呢？）

祝您在百忙之中身体健康。如果周恩来访问巴基斯坦一事可以确定，请及时相告，白宫在不断催促。

希拉利在信尾写道："离家已有三年了，希望6月以后有机会能回巴基斯坦。"

1970年3月26日，希拉利又向叶海亚·汗写了一封密信：

阿迦·夏希③刚从巴基斯坦回来，转告了您针对我在亲笔信中谈到的事宜"正在考虑中"。您所指的事宜是指我2月23日那封信吧！信中谈到基辛格想告诉周恩来，如果中方同意，白宫愿意通过巴基斯坦与北京建立秘密专线。

---

① 尼克松指美国代表与中国代表在华沙的不定期接触。1970年1月20日的一次会议上，美国驻波兰大使沃尔特·约翰·斯托塞尔大使向中国驻波兰使馆的主管事务官员雷阳说："美国正在考虑派特使来北京与中国领导会谈，或者中国安排驻华盛顿的中方代表与美国领导人就双方感兴趣的话题进行会谈。"[Kissinger (1979), p.687]

② Kissinger (1979), pp.689–690；基辛格补充道："尼克松在我的会谈备忘录上写了一个'好'字。"

③ 阿迦·夏希，希拉利之弟，1966—1972年任巴基斯坦驻联合国常任代表，1972—1973年任巴基斯坦驻中国大使，1973—1977任外事秘书。1977—1982任外交部长。

基辛格很快会问我是否向北京传达过信息，不知您有没有和中国大使见过面，或以其他方式联系。您在不久前与郭沫若①见过面，相信您会告诉我基辛格和尼克松方面正在等候的消息。哪怕告诉我已经向周恩来传达了消息，正在等候回复也好。

这段时间有很多外国贵宾访问巴基斯坦，如中华人民共和国特使郭沫若、约旦国王侯赛因及他的弟弟哈桑王子。叶海亚·汗一方面接待国际贵宾，另一方面为国内总统选举做准备工作，十分忙碌。在4月1日这个不吉利的日子，他颁布了《法律体系命令》，以规范总统选举，并向宾客及国内媒体解释选举机制。

五天后，即1970年4月6日，希拉利再次给叶海亚·汗写信，信中说他如何努力避免美国新闻媒体损毁巴基斯坦形象。他不断向《纽约时报》管理部门投诉该报对巴基斯坦"充满敌意，全是批评"的报道。柴斯特·波利士写文章抨击巴基斯坦，希拉利则引用了前美国驻巴基斯坦大使本杰明·H.俄略特发表的文章予以驳斥。"由于我坚持不懈地施加压力，《纽约时报》派记者悉尼·山伯格赴巴基斯坦进行实地采访。"希拉利附上了标有4月1日的一篇"令人满意的通讯"，实际报道日期为1970年4月6日。

东巴基斯坦的情形涉及各方利益，吸引着众人的目光，尼克松也非常关注这里的局势。5月14日，希拉利和其他代表参加了中央条约组织会议，尼克松向希拉利提出一些尖锐问题，希拉利得体地进行了回答。1970年5月14日，尼克松在白宫主持了会议，出席会议的还有巴基斯坦代表、伊朗代表、英国代表、土耳其代

① 郭沫若，中华人民共和国国务院副总理。1970年3月10—12日访问巴基斯坦，3月11日在卡拉奇与叶海亚·汗会晤。

表。在尼克松总统发表评论《印度大国的崛起》前，希拉利写的记录引起了叶海亚·汗的注意。记录中写到印度的壮大"会打破印巴军事平衡"。希拉利向尼克松论证道：

地区性的联盟使各成员国有着共同的利益。因此，任何一方所面临的威胁就是联盟成员的共同威胁。联盟成员的强大符合各方利益。因此，有必要加强巴基斯坦的国防力量。1965年的美国对巴基斯坦禁止销售军火的法案至今还未废除。巴基斯坦在军事方面全面投向苏联或中国，并不符合其他联盟成员国的利益。

尼克松答复希拉利"在艾森豪威尔政府时期，美国和巴基斯坦建立了特别关系"，随后他又谈道，随着时间的发展，这一情况也在改变。军事方面的问题向来不好处理，但总统会"给予特别考虑"。然后尼克松询问了东巴基斯坦的局势。希拉利回答"政治稳定，选举正在有序进行中，和西巴基斯坦选举一样"。当尼克松问到东巴基斯坦粮食问题时，希拉利介绍道："西巴基斯坦米面充足，不成问题，但东巴基斯坦大米供应紧张，预计需要一定时间才能解决。"之后，希拉利又乐观地补充："好在东巴基斯坦居民不再像以前那么依赖大米，人们开始在日常饮食中增加面食。"

希拉利在写给叶海亚总统的信尾写道，白宫和国务院官员向希拉利的代表法瑞克部长[①]表示，"你们的巴基斯坦驻美国大使在会议上表现出众，给尼克松总统留下很深的印象"。

---

① Z.穆罕默德·法瑞克，1968—1970年任驻美国公使，1972—1973年任巴基斯坦驻阿尔及利亚大使，1978—1979年任巴基斯坦驻巴西大使。

希拉利在去往墨西哥城的路上时[1]，从佛罗里达棕榈泉向叶海亚·汗写了一封信，谈到1971年战争前的事件。信中表述了他收到弟弟阿迦·夏希来信的欣喜之情。"10月的第三周，您有可能前往联合国参加例行大会。届时将有50多位国家首脑到达。尼克松将亲自去纽约参加会议，并设宴招待与会人员，这样，白宫方面就不用再另行安排尼克松与各位国家领导人一一进行官方会晤。这些领导人愿意的话也可以自己私下安排华盛顿会晤事宜，其他事情还未确定，届时再与您联系。"

1970年9月4日，希拉利再次致信叶海亚·汗，向他报告说"我们国家在树立一个良好形象，无论是对国际而言，还是对美国而言"。这封信是指将要举办的国家首脑参加的联合国例会一事。他另外写道：

很高兴从阿迦·夏希那里了解到您准备接受联合国 U. 吴丹的邀请[2]，即将参加10月份的联合国例会并做讲话。国外一直对巴基斯坦认识不清，印象不佳，但在去年，巴基斯坦的形象得到了巨大改变，现在时机成熟了，总统先生应向世界展示巴基斯坦，免得其他国家和组织胡乱影射总统先生。

希拉利在结尾处写道：

我了解到您将于本月27日对尼泊尔进行访问。我已告诉外事秘书，届时我将有私事回国处理，如果他不反对，不知您可否在

---

① 希拉利同时兼任巴基斯坦驻墨西哥大使。
② U. 吴丹，1961—1972年任联合国秘书长。

访问时带上我。原因有二：（1）尼泊尔的丛林猎虎举世闻名，我非常希望能有机会一睹风采，您在访问期间，尼泊尔国王一定会盛情款待您，邀请您参加猎虎（这种场合极具历史意义，在尼泊尔也难得一遇）；（2）1961—1963年我在尼泊尔工作期间，为当地的建设提供了很多重要的帮助（安排巴基斯坦国际航空事务、国际新闻处理、机场通信建设、训练尼泊尔飞行员），赢得了尼泊尔国王及首相的尊重。不过我也明白，国家元首之间的访问鲜有驻外国大使的参与，所以请您全面考虑。

希拉利感到外事秘书更希望他在这关键的时刻去华盛顿处理国家大事，而不是在尼泊尔丛林之中骑着大象休闲消遣，所以他在信尾又写道："我没有收到回复，显然我的要求不合时宜，不会通过批准。"①

一个月后，1970年10月8日，希拉利在给叶海亚·汗的信中，谈到了美国对巴基斯坦进行军事援助的好消息。希拉利在信中引用了10月6日美国记者沃伦·乌纳在电视新闻中的发言：

乌纳说尼克松总统本人同意，"在美国军事物资富余的范围内"，给巴基斯坦提供轰炸机、战斗机及武装战舰，附件B是美国国务院提供的评论依据。他特别提到尼克松总统做出这样的决定，是因为"彻底被我说服了"。

希拉利在第二段中写道：

---

① 1970年9月27日，叶海亚·汗飞往尼泊尔加德满都，进行正式官方访问。其间，印度总统突然去世，叶海亚·汗不得不缩短行程，原计划的猎虎行动被取消。

很高兴地告诉您，白宫方面非常满意，我们的行动保密措施相当严谨，三个月来不为外界所知，国会通过了库珀—邱奇修正案，尼克松批准通过了希腊武器禁售法令。我想伊斯兰堡克林斯将军已经就相关事宜开始和古阿思·阿麦德会谈。①

希拉利在结尾处写道：

很高兴您再次考虑于近期来美国参加联合国周年庆典大会。我和我在纽约的弟弟通了信，讨论了您在那里的日程安排。尼克松总统正在考虑和您的见面日期，我会安排好您的华盛顿之行。

10月20日，叶海亚·汗飞往纽约。第二天上午在联合国庆典大会上发表演讲，下午接见了《时代》和《生活》杂志的编辑们。晚上，他和罗马尼亚总统齐奥塞斯库共进晚餐。当天的报道并未谈到尼克松和巴基斯坦、罗马尼亚间的秘密渠道。10月25日，叶海亚·汗前往华盛顿白宫会见尼克松。尼克松在回忆录中谈到了和叶海亚·汗的这次会晤：

10月25日，巴基斯坦总统叶海亚·汗前来访问，这次会谈中我用到了"叶海亚·汗渠道"一词。1969年我访问巴基斯坦时，就一般事务曾和他互换意见，这次我说美国欲与中国恢复两国邦交，希望他能从中提供帮助。

叶海亚·汗回答"当然，我们会尽力提供一切帮助。不过此事困难重重，旧敌难成新友，这个过程肯定会漫长艰辛，您要有

---

① 古阿思·阿麦德，巴基斯坦国防部长。

心理准备，这期间甚至还可能会发生关系的倒退"①。

　　报纸上对叶海亚·汗的访问评论如下："巴基斯坦总统前日访问了莫斯科②，而且打算于11月10日访问北京。尼克松总统对他的访问表现出了极大兴趣。在两位总统顾问的安排下，他们两人进行了私下会谈。"报道中特别提到基辛格也参加了会谈："尼克松总统的外事助理基辛格也参加了会谈，这次会谈气氛友好融洽。"③

　　叶海亚·汗在回国途中，还在法国巴黎停留，会见了法国总统乔治·让·蓬皮杜。希拉利扫描了10月26日的《华盛顿邮报》中关于叶海亚·汗访问华盛顿的报道并寄给了叶海亚·汗。"可能您想了解《华盛顿邮报》对您和尼克松会谈的报道。"希拉利特意谈到了报道中叶海亚·汗受到的特殊待遇，"与尼克松会谈的还有七个国家的首脑（包括埃塞俄比亚皇帝海尔·塞拉西一世），但《华盛顿邮报》只刊登了您和尼克松总统的照片。"④

　　叶海亚·汗于1970年10月28日回到了巴基斯坦拉瓦尔品第。就在同一天，以谢赫·穆吉布·拉赫曼为首的人民联盟宣布了六条计划。11月9日，叶海亚·汗从达卡飞往中国与周恩来会见。《曙光日报》简单地做了报道："双方并无官方会谈计划，但有迹

---

　　① Nixon (1978), p.546。第二天，尼克松和罗马尼亚总统齐奥塞斯库会谈，讨论了罗马尼亚渠道问题。

　　② 1970年8月，叶海亚·汗访问莫斯科。这次是对柯西金1969年访问巴基斯坦的回访。苏尔坦·穆罕默德·汗描述了叶海亚·汗和波德戈尔内（时任兼职最高苏维埃主席团主席。——译者注）意见不合。波德戈尔内"坚持"叶海亚·汗应该和英迪拉·甘地进行会谈。[Khan (1997), pp.238–240]

　　③ 《曙光日报》1970年10月27日。

　　④ 七国首脑还包括担任塞浦路斯总统的大主教马里卡奥斯等人。

象表明，双方有可能在达卡地区就多个领域开展合作，尤其是经济领域。"

1970年11月10日至15日，叶海亚·汗开始了对中国为期五天的访问。外事秘书苏尔坦·穆罕默德·汗描述了叶海亚·汗所受的隆重接待，称之为"中国迎接外国元首中最为隆重、最为热烈的欢迎仪式"。周恩来亲自欢迎并接待了叶海亚·汗。11月12日，叶海亚·汗与周恩来在他下榻的宾馆秘密会谈。叶海亚·汗居住的地方曾是法国使馆，后来成为柬埔寨亲王诺罗敦·西哈努克所住居所。《曙光日报》报道："双方就中国和巴基斯坦的日后深层合作进行了会谈。"其实在这次会谈中，叶海亚·汗主要转达了尼克松与中国会谈的想法。

巴基斯坦外事秘书因为没有参加此次会谈而感到十分不满。"叶海亚·汗是巴基斯坦方面唯一的与会人员，我们虽然同他都在北京，却对尼克松的提议一无所知。他把顾问关在门外，自己谈判，这么大的责任，都由他来承担，这到底是好事，还是坏事？"[1]

周恩来向叶海亚·汗表达了中国政府和他个人对他的全力支持。中国和巴基斯坦两国代表在人民大会堂签署了经济贷款协议和军事设施协议。后来在巴基斯坦大使K. M. 凯瑟[2]举办的欢迎晚宴上，周恩来突然宣布了回访消息：为回应叶海亚·汗总统的邀请，周恩来将于1970年12月大选之后回访巴基斯坦。叶海亚·汗听后非常满意，心里的石头落了地。"轻松愉快地"完成了访问。[3]

---

[1]　Khan (1997), p.241.

[2]　K. M. 凯瑟，1970—1973年任巴基斯坦驻中国大使。1973年9月退休。

[3]　Khan (1997), p.243.

叶海亚·汗本来计划让外事秘书苏尔坦·穆罕默德·汗[①]也参加会谈。20世纪50年代，苏尔坦·穆罕默德·汗在巴基斯坦驻中国使馆担任使馆副主任职务，1966—1968年担任巴基斯坦驻中国大使。他回忆道：

1970年11月22日，我和叶海亚·汗总统讨论了一些外交政策文件，之后，总统说有一件非常敏感且棘手的重要任务让我来完成。这个任务只有我和他本人在日后参与。他又谈到了他在华盛顿和尼克松的会谈以及在北京和周恩来的会谈。叶海亚·汗是美国方面基辛格的信使，中国驻巴基斯坦大使张彤则是周恩来的信使。为保密起见，双方交流的所有信息文件都必须人工手写，以防秘书泄密。这种方法需要一直运用到双方正式访问为止。[②]

第二天，即1970年11月23日，叶海亚·汗总统记录了一份中国发来的机密文件。这份文件由苏尔坦·穆罕默德·汗亲自抄写，收信人是华盛顿的希拉利。

亲爱的希拉利：

在10月25日的会议上，我国总统叶海亚·汗应尼克松总统要求，向中国领导人传达美国愿意通过叶海亚·汗和中国建立秘密交流渠道这一信息。此事属于高度机密，一旦曝光，重要的会谈则无法如期举行。

上述信息经过传递到达中国。三天后，周恩来经过慎重考

---

① 苏尔坦·穆罕默德·汗家族掌控着东印度焦拉地区，靠近印度博帕尔。他风度翩翩，气质非常像周恩来。[Khan (1997), pp.211–212]

② Khan (1997), p.247.

虑，做出了答复：

"这（指信息的回复）并不仅仅是我自己的意见，毛泽东主席和林彪副主席也表达了相同的意见。

"我们非常感谢巴基斯坦总统向我们传达的尼克松总统的口信。

"中国一直以来都愿意，而且努力通过和平谈判解决事务。

"台湾及台湾海峡历来是中国完整领土中不可分割的一部分（不可分割被划掉），但在过去的15年里，美国一直派遣军队驻扎于此。如果台湾问题得不到解决，双方无法开展谈判及会谈。

"我们欢迎尼克松总统派遣特使就中国领土台湾问题来北京进行会谈。"

周恩来还就此事说道：

"过去我们和美国有各种渠道的联系，但这次的联系却是史无前例。这次的联系是从首脑，经首脑，到首脑。美国知道巴基斯坦是中国的好朋友，我们对此（信息）也相当重视。"

你可能要说，周恩来在接到美国愿意与中国修复关系的消息时并没有立刻接受或拒绝，而是先和中国领导人毛泽东、林彪进行了商量，再做答复。叶海亚·汗总统先生认为，此举反映出中国充分考虑到了各种可能。此外，在双方开展会谈期间，中国将不再针对美国发表强烈的批评言论。副主席董必武在晚宴致辞时也不再指名道姓地提及美国，这些迹象都表明中国有与美国建立友好关系的倾向。

　　请向基辛格口头转达上述内容。或许为了更准确地转达，您愿意向他亲读此信，但之后一定要销毁信件。办公室不要留有任何关于此信的记录，也不要自己保留任何记录。请在销毁后再次确认。

　　这封信意义十分重大，但令人可惜的是，这封有着历史意义的信件久久被积压，当天没能发出去。这封信上标有"外交部邮件，FS/U-C/1970，日期23/11/1970"，被放在总统办公室或外交部办公室的某个地方。最近，苏尔坦才向外界公开了被延迟发出的原因。"其实不难解释这个重要信件被遗忘的原因。首先，叶海亚·汗刚从北京回来，他忙于东巴基斯坦的战事和国内总统的选举，无暇顾及此事。其次，11月23日的信息两天后被送往华盛顿，可希拉利已经被派往墨西哥兼任巴基斯坦驻墨西哥大使。最后，直到12月9日，这个消息才传到尼克松手上。[①]

　　基辛格在华盛顿等得心急如焚，坐卧不宁。可他哪里知道，叶海亚·汗在最近的20多天里又得处理天灾，又得处理选举的烦恼之事，自从北京回来后就忙得不可开交。1970年11月24日，东巴基斯坦受龙卷风袭击，损失惨重。叶海亚·汗飞往达卡查看灾情。12月3日，他飞回拉瓦尔品第。两天后又飞往白沙瓦，在大选之前又飞回拉瓦尔品第参加大选。

　　12月8日早上，尽管消息尚未得到证实，但叶海亚·汗和其竞选对手都出乎意料地了解到，以谢赫·穆吉布·拉赫曼为首的人民联盟在东巴基斯坦的省国民议会选举中，获得了153个席位当中的151个席位。巴基斯坦人民党佐勒菲卡尔·阿里·布托则

---

①　Khan (1997), p.248.

意外地在西巴的旁遮普省议会的82个席位中获得68席。信德省是佐勒菲卡尔·阿里·布托的家乡，他把希望寄托在这里了。[①]

基辛格在华盛顿还在苦苦等待中国的回信。后来他在回忆录中写道："叶海亚·汗在11月10日至15日期间访问中国，我们以为没有什么结果。然后过了三周，12月8日，希拉利联系了我的工作人员豪尔·桑德斯[②]，说'叶海亚·汗在中国访问后带来消息了'！我们一直不明白为什么访问中国三周后才给我们回音，是不是中国指定了巴基斯坦必须在三周后联系我们？还是叶海亚·汗为小心起见，故意为之？"[③]

12月9日晚，基辛格约见了希拉利。"我约希拉利第二天下午6点以后到我办公室。他随身带着一个信封，里边是白底蓝线的信纸。因为叶海亚·汗对电子通信不放心。"希拉利说他无权将信留下，因此，"他一字一句口述，我听一句写一句"[④]。

基辛格忙着听写，来不及高兴。但他还是明白这个消息不管来得多么晚，对于美国来说都是至关重要的。基辛格的理解是，中国政府试图向他传达一个间接的微妙信号，表示了对解冻两国关系的肯定态度。这个消息是周恩来本人传给尼克松的官方口信，周恩来还特意提到这是毛泽东、林彪和他商量后的一致意见。简言之，中国邀请美国派一名特别代表到北京进行会谈。[⑤]

尼克松对这一历史时刻也做了记录。他在回忆录中写道："12月9日，周恩来通过叶海亚·汗转告我，北京欢迎美国代表来华

---

① 最终结果是旁遮普人民党在138个席位中占了81席。

② 豪尔·桑德斯，基辛格身边主管中东事务的中高级助理。

③ Kissinger (1979), p.700.

④ Kissinger (1979), p.700.

⑤ Kissinger (1979), p.701.

就台湾问题进行商谈。他强调这不仅仅是他个人的意见，毛泽东和林彪也持相同意见。周恩来在用词方面显示了他的文采：'过去我们和美国的联系渠道多种多样，但这是头一次从一国首脑，经一国首脑，到一国首脑的联系。'我们通过希拉利大使转告中国，说中美两国可以在巴基斯坦进行会谈，不应仅限于台湾问题，这次会谈还将为两国日后更高层次的谈话做好铺垫。"①

外事秘书苏尔坦·穆罕默德·汗在其出版的回忆录中写道："叶海亚·汗通过希拉利转告基辛格的第一份文件是通过外交文件袋送出去的。②叶海亚·汗特意吩咐希拉利要把文件内容亲自读给基辛格听。叶海亚·汗在周恩来的回信上自己做了批注，并说虽然双方已经确定好会谈内容，但不必太拘于约定。他确信双方只要有了联系，那么一切双方感兴趣的问题皆可讨论。最后他指出，双方会谈的实际内容多而杂，因此初次会谈不应牵涉过广，而是为日后的会谈做好准备。"

基辛格收到信息后松了一口气。尼克松和周恩来一样，对于主动向敌对国家示好一直捏着一把汗，因为一旦中国拒绝了美国的示好，那么两国的关系就会产生进一步的倒退。③

双方高层的会谈就此建立，下面就是如何进一步完成交流。尼克松开始考虑将合适的人选派往中国。

---

① Nixon (1978), pp.546–547.

② 苏尔坦·穆罕默德·汗并未说明信件是哪一天发送的。他在《回忆与反思》中写道："我不确定是什么事使叶海亚·汗从北京回来后的两周都没有给尼克松消息。"

③ Khan (1997), pp.247–248.

第二章　出发

　　白宫收到周恩来的信息后不到一周就做出了回复。1970年12月6日早上，白宫召见了希拉利大使。可以看出来，基辛格对巴基斯坦这条联络渠道仍然心存不安。周恩来发回的"首脑"级的重要信息迟迟而来，这让他重新提高了联系的秘密等级，甚至重新安排了驻伊斯兰堡的外交部工作人员，撤掉了一些东巴基斯坦籍工作人员。

　　下面是希拉利的手写信。上面标有"绝密，1970年12月6日，华盛顿白宫，基辛格会谈记录"的字样。随信还附有一封两页未签字的打印信件。

　　今天收到基辛格的通知，11点在白宫和他会面。基辛格说美国政府收到了叶海亚·汗传来的中国信息（12月9日）。尼克松想通过叶海亚·汗向周恩来总理回复。也可由中国驻巴基斯坦大使来做此事。出于保密考虑，白宫想让参与此事的人越少越好。如果华盛顿方面只有尼克松本人知情，他希望巴基斯坦方面只有叶海亚·汗知情（下面几句话看不清楚：由于我国外交办公室……由于最近事件的影响，巴基斯坦……平衡……秘密交流……极其重要）。

　　我一再向基辛格强调并保证说自始至终都是我亲自做记录，

然后直接给叶海亚·汗总统，从来不"通过外交部办公室"发送那样的信件（"通过外交部办公室"几个字被划掉）。基辛格递给我一个信封，里面是送给叶海亚总统的打印好的备忘录。我先问基辛格信封里的内容，然后才打开来看了看。基辛格说，应周恩来总理要求，我们将派总统特使到北京，就台湾问题进行会谈。尼克松希望转告周恩来总理，美国已做好准备，在双方认为合适的地点尽快安排一个初步会议，讨论美国代表到北京进行高层会谈的准备事宜。

我问了一个问题，基辛格回答说，如果叶海亚·汗总统不介意，我们可以把这次非正式会议安排在拉瓦尔品第，美国方面的代表有可能是退休的大使罗伯特·墨菲①、杜威先生②或大卫·布鲁斯大使③。如果中方代表层次较高，基辛格可以考虑亲自出席此次会议。他将在最近对西贡进行一次访问，在适当的安排下，借机到巴基斯坦停留，会见中方代表。

基辛格又补充道，如果美国代表来北京的话，那么谈判内容不应当仅仅局限于台湾问题。任何能够有助于改善两国交往、解决双方对峙的事宜都可以探讨。美国可以从台湾撤回正在巡逻的驱逐舰，现驻在台湾的美国军队仅是军事顾问和在那里执行一些军事训练任务的人员。

基辛格递给希拉利一份未签字的打印文件，上面写道：

---

① 罗伯特·D.墨菲（1894—1978），1949年美国驻比利时大使。

② 托马斯·E.杜威（1902—1971），共和党人，三届纽约州长。

③ 大卫·布鲁斯，1949—1952年任美国驻法国大使，1957—1959年任驻联邦德国大使，1961—1969年任驻英国大使。

1970年1月20日，美国代表在华沙会谈时建议中美两国开展直接对话，地点在北京或者华盛顿，会谈内容可广泛选择，包括台湾问题。这体现了美国政府为修复与中国政府的关系而做出的努力和让步。美国政府欢迎中国派代表参加1970年2月20日的华沙会议，商谈美国派遣特使来华会谈事宜，美方特使可能是国家部长级别，或总统代表级别。

考虑到周恩来向叶海亚·汗传达的信息，以及美国与中国开展高层会谈的意愿，美国政府认为有必要在北京举行此次高层会谈，内容当然包括台湾问题，但同时也会涉及促进两国交流和减少两国对峙的话题。有关美军在台湾海峡的军舰问题，美国政府会减少东亚地区及亚太地区军队数量，以缓和紧张气氛。

因此，美国建议选择合适的会议地点，安排双方代表尽快见面，讨论高层会谈具体操作方法，如代表团人数、会议时间、日程安排、会议地位、礼仪安排等。美国相信中华人民共和国会妥善安排，令双方满意。

基辛格解释了白宫如何撰写回复：我和总统讨论写给中国的信件内容后，我亲自起草写信，修改补充一些内容后，艾尔·海戈和温斯顿·洛德审阅，我会再次修改。改后的文件以打印形式呈送尼克松。根据记录显示，尼克松总统并未对我的文件做过改动。[1] 这些文件纸都是无水印无信头的可回收复印纸。[2]

1971年1月5日，在春节前一周，中国收到了基辛格写在这种信纸上的信。[3]

---

① Kissinger (1979), p.718.

② Kissinger (1979), p.702.

③ Kissinger (1979), p.714.

接下来的两个月里，中国方面一直没有回复信息，起码美国这边没有人收到什么消息。其实，中国领导人向美国发出的信息手段非常低调隐蔽，连白宫都没有察觉。双方交流最有深远意义的事件当属当年日本名古屋的乒乓球队邀请事件。当时，中国领导人特别关注美国乒乓球队，周恩来本人亲自接待了乒乓球队，邀请美国乒乓球代表队来华比赛。基辛格在回忆录中写道："很快，美国也邀请中国乒乓球代表团来美国打球比赛，中国也很快地答应了。"这就像一部中国电影一样，开场很热闹，但热闹仅仅是表面，好戏还在后头。①

尼克松和基辛格迟迟等不到中国的答复，心急如焚，决定和中国直接联系。基辛格回忆说："最后，4月23日，我们决定和中国进行直接联系。我们派了一名信使，让他带着信件去巴黎找简·赛特尼，转告中国大使美国拟在法国开通秘密渠道的提议。之所以选择巴黎，是因为我们一直在苦苦等待，这说明可能巴基斯坦渠道或罗马尼亚渠道靠不住。好在这封信没有送出。正当我们安排送信时，巴基斯坦渠道突然活跃起来，我们当即停止了信使计划。"②

就在此时，1970年4月21日，让众人期盼的信息终于从中国大使手里传到了叶海亚·汗手上。中国驻伊斯兰堡的大使终于送来了中国的信息。4月24日，军事秘书通过外交公文袋传送了这份印有"总统亲启"的四页来信。下面就是这份姗姗来迟的中方信件。

---

① Kissinger (1979), p.710.

② Kissinger (1979), p.713.

周恩来感谢叶海亚·汗于1971年1月5日向尼克松传达的口信，并请叶海亚·汗转达下面的内容[①]：

由于情况所迫，无法及早回复尼克松总统给周恩来总理的回信，敬请原谅。

现在中美关系得到双方的重新审视，然而，中美恢复正常关系的前提是美国在台湾及台湾海峡武装力量的全面撤离。只有双方派遣高层领导谈判才能解决此事。因此，中国再度重申愿意邀请美国派代表到北京来会谈，如基辛格博士或总统本人。假如总统先生认为时机尚未成熟，我们可以另行安排时间。至于双方高层的会见方式、过程及其他，您无须多虑，叶海亚·汗总统会悉心安排，令双方满意。1971年4月21日[②]

基辛格的回忆录中写道：

4月27日下午3:45，事情突然有了变化，希拉利说有紧急情况相谈，要求和我见面五分钟。尽管豪尔·桑德斯告诉他我第二天要度假休息，但他坚持说事情紧急，不容耽误。我下午6:00和他见了面，收到了他给我的两页记录，即：周恩来对尼克松12月16日信件的答复（后来我们了解到，中国方面是在1月5日收到此信的）。

基辛格问希拉利巴基斯坦方面什么时候收到的信，希拉利回到办公室打电话说是4月23日收到的。因为信使把信送到了华盛

---

① 叶海亚·汗手稿记录一改往日固定格式，一开始写道："谢谢。请向尼克松传达周恩来的信息。1月5日。"

② Kissinger (1979), p.714.

顿，造成了耽搁。军事秘书写给总统的便条上写道："4月24日，和总统手信一起送往阿迦·希拉利。"这也在希拉利4月28日通过外交部办公室发给总统的C-365档案记录中得到证实，信件于29日被收到：

绝密，总统亲启，希拉利发。

感谢4月24日来信。信息已于昨日发出。衷心感谢所做的努力，我受托要转达对您的感谢，大约两周内会有回复。

希拉利一离开办公室，基辛格就去会见尼克松。尼克松考虑再三，给基辛格打了一个电话，商量总统特使事宜。两人都觉得大卫·布鲁斯比较合适，但因为他曾在巴黎担任越南战争问题的谈判代表，恐怕中国方面不会欢迎他（后来他成为北京联络任务的负责人）。其他人选还有尼尔逊·洛克菲勒（基辛格的顾问）、乔治·布什、埃略特·理查逊以及汤姆·戴维（1971年3月16日去世）。国务卿威廉姆·罗杰斯肯定不在考虑范围之内。虽然他和尼克松是要好的朋友[1]，但是在国务院工作方面却表现得不尽如人意，尼克松和基辛格都觉得他并不是中国之行的理想人选。

直到第二天下午，尼克松才通知等候已久的基辛格，总统特使的最终人选就是他。基辛格向外界解释了为什么这个重任落到了他的肩上。"只有不了解内情的局外人才会以为国家领导人会仅仅凭借各类分析来做决定，从而无法理解尼克松总统的良苦用心。首先，我对美国政府的政策非常了解，我对尼克松总统也非常熟悉，可以妥善安排好他的北京访问。他能够毫不犹豫地同

① Isaacson (1992), p.475.

我联系，不会羞于向我提出他那些急切的先遣人员的各类公关要求。此外，与使团其他人选相比，尼克松对我最具掌控力。我，白宫政府工作人员，只能通过白宫新闻办公室发布我的对外活动，所以我的成功就是总统的成功。"①

据尼克松总统的回忆录记载，尼克松和基辛格"花了好几天的时间"考虑北京之行的合适人选，他们讨论了多个候选人。

"好了，"我说，"亨利，我想只能是你来做这件事了。"

他立刻反对，因为他和罗杰斯一样，太引人注目了。

"我对你有信心，你能在巴黎神不知鬼不觉地来去自如，那么你就能同样地在北京做到。"②

基辛格后来在回忆录中向读者承认，尼克松在此事上表现出了伟大的勇气。因为"总统批准的这个任务一旦失败，对他本人来说是个巨大的政治灾难，对国家更是国际性的灾难"③。

尼克松和基辛格两人虽然很渴望早日定下北京的访问计划，但还是决定要放慢脚步。"我们等待了四个月，不急于这一时。我们不希望表现得过于积极。4月28日，我召见了希拉利，做出了答复。"

当天，希拉利从巴基斯坦驻华盛顿使馆向巴基斯坦外交部办公室发送了有关这一答复的密电，密电上标有"绝密，总统亲启"的字样。电文如下：

---

① Kissinger (1979), p.717.

② Nixon, (1978), p.550.

③ Kissinger (1979), p.718.

1. 针对 4 月 28 日 NC-356 密电，基辛格与尼克松讨论后召见了我，要求我将尼克松总统的信息传给叶海亚·汗总统：

（开始）您在此事当中做出极大贡献，我深表谢意。特别感谢您处理此事的高超而巧妙的手法。您对国际交流和世界和平做出了巨大贡献。请向周恩来表示感谢，感谢他对我的信息的回复，感谢他回复中所体现出来的建设性、正面性和前瞻性。我将本着同样的精神做出回复。（结束）

2. 基辛格说尼克松非常希望叶海亚·汗在转达上述信息时以个人身份而不要以尼克松总统的口吻向中国传达下面信息：

（开始）从我个人对于尼克松总统的了解，及巴基斯坦驻华盛顿大使方面的信息来看，我认为尼克松非常急于在接下来的几周内和北京开展会谈，在建立中国政府和美国政府的联络渠道之前，尼克松将一人竭尽全力做好双方的会谈联络，不想让其他美国官员干涉此事。我国驻华盛顿大使认为如果美国政府官员参与此事并大肆渲染的话，那么尼克松总统将很难快速有效地开展行动了。对此我深表赞同。因此，我认为中国政府应故布疑阵，在最近几周内对申请赴华的美国官员予以拒签，无论是共和党人，还是民主党人，直至尼克松总统收到北京的回复、白宫派遣代表开展谈判后才解除拒签。尼克松也明确告诉了希拉利他对中国在最近几周内对赴华美国官员拒签的认可，但其他美国公民则可不受限制，如记者、艺术家、教授、演员等。中国政府也可开展一些两国人民之间的友好合作项目，尼克松还告诉希拉利他只用两三周即可回复周恩来的信息。（结束）

3. 我从基辛格那里了解到尼克松此刻非常担心，他希望您在把第一段的内容传达给周恩来的同时，能以自己的名义传达第二段的内容。尼克松本人不愿意表达上述观点，毕竟里面包含了让中国对某些美国公民拒签的建议。因此，如果您不反对，他特别要求您以个人身份传达上述信息。我认为接受尼克松总统的建议给中国传达这样的信息无伤大雅。尼克松对他周围政治环境的复杂程度和利害关系要比我们或中国了解得多。只要符合中国国家利益，便于和尼克松开展会谈，他们是不会对此持反对意见的。而对于我们来说，我国当前形势复杂微妙，如能给美国帮一些忙，尼克松总统就会欠我们一个人情。他毕竟是这个国家的最高长官，在东巴问题上坚持不向叶海亚政府施压。

4. 基辛格再次向我强调，白宫和北京的信息传递"极度"重要，属高度机密，除了他和总统本人外，没有其他人知道这件事，保密工作应当继续保持下去。上述信息送到目的地后请和我联系确认，非常感谢。

第一段信息空白处标有"1971年4月30日收"。第二段信息空白处标有"1971年5月1日发"。

5月1日，希拉利收到确认函。军事少将穆罕默德·伊沙克向希拉利大使发送了总统的密电，希拉利得知"今天早上，我已经向中国驻巴基斯坦大使传达了尼克松总统感谢周恩来总理的信息，第二段内容也传给了中国大使"。

基辛格对巴基斯坦渠道的安全问题始终心存忧虑，这是不无道理的。5月1日，有人在档案中看到一则军事秘书写给总统的警示信，这份警示在众多官员中传阅：

电报标号C–365、C–360文件是华盛顿给总统的机密文件，现已整理后放入传阅文件夹内，文件夹编号为238号和240号。这些电报所指文件极度敏感，和总统亲笔写给大使的文件有关。

传阅方式极不安全，会泄露机密。

希拉利并不知道自己与总统的通信内容有安全隐患。4月29日，他又写了一封信，上面标有"绝密，严禁传阅，希拉利致总统"的字样。信中写道：

4月27日和28日，我和基辛格会谈，让他传达我们对尼克松总统的诚挚谢意，感谢他对我们国家内部事务的理解和支持。过去半年里，由于我国东巴基斯坦的军事行动，美国国内出现了很多毫无根据且极不友善的新闻报道。感谢他从人性的立场上公开对巴基斯坦表示同情，对美国国会和媒体加以斥责。

希拉利收到了回信，信中给人的感觉"好像是家里的孩子们吵了架，疲惫不堪的母亲一边批评他们，一边安慰他们一样"。

基辛格回复了信息，信中说尼克松总统想让我转告叶海亚总统，由于他本人对叶海亚总统的崇高敬意和双方的友好关系，他已下令美国政府对东巴基斯坦事件持"绝对正确的"态度。尼克松将继续和确保美国政府不会做出任何让巴基斯坦尴尬的事。当然，根据我的经验，一些美国政府官员可能会造成一些问题，这应该引起我的重视。如果政府方面有人向我施加压力，我可以搬出尼克松总统当救兵，说总统先生在关注此事。尼克松总统想参与此事，使事情向正确的方向发展，当然并不是说白宫可以任意干涉我们和国务院之间的事情。尼克松总统介入的事情应该是防止北京对我们做出不利的决定。

看起来很多人已经知道中美双方的破冰之旅，但他们不一定知道有些中国认为无关紧要的报道会让白宫方面颇为紧张。更不可思议的是，毛泽东都把这么大的秘密透露了出来。当然，他有可能是有意为之。请看1971年5月2日的C–363信件。[①]

昨天晚上，全国上下的电视里都在播放这样一条新闻：尼克松被记者问到是否受到毛泽东邀请到中国访问。一位名叫斯诺[②]的美国记者是毛泽东的好朋友，去年12月，他在北京写的一篇报道中提到毛泽东欢迎尼克松到中国访问，无论尼克松是以总统身份，还是以游客身份。国务卿罗杰斯在4月28日接受伦敦电视台采访时表示，毛泽东的邀请太随意了，因此不足为信。[③]

尼克松立刻意识到罗杰斯的评论可能会被北京误解（当时罗杰斯并不知道中国已正式向美国发出邀请，4月27日当我转告周恩来之前，他已飞往巴黎）。为了避免双方误会，尼克松亲自出面，于昨天晚上接受了电视采访，当记者问到毛泽东邀请他访问中国是否属实时，他巧妙地避开问题，回答说："我谈的并不仅仅是邀请，我指的是一个希望，一个愿望——在我有生之年有机会去中国，但我不希望我的中国之行被限定时间。"

您可以向中国驻伊斯兰堡大使提及此事，这样罗杰斯的言论就不会引起不必要的误会。我向您发了4月28日C–360密电，基

---

① 外交部工作人员为保证密电不被他人传阅，在希拉利的文件上标有"总统亲启"。

② 埃德加·斯诺（1905—1972），《红星照耀中国》一书的作者，写过多部关于中国的书籍。1936年，他到达保安及延安地区，开始了对毛泽东和其革命战士长达五个月的采访及生活。

③ 埃德加·斯诺和罗杰斯的访谈在1979年版《基辛格》一书的第720页中被提到过。基辛格和尼克松两人都"极度震惊"。

辛格和尼克松两人讨论了我发给白宫的信息后，尼克松将于4月27日或28日"尽快"回复周恩来的信息。基辛格说最多不会超过两周，同时他解释说"之所以会这么久，一是因为正遇上了他盼望已久的每年一次的休假，二是尼克松要全面考虑后才和他商量决定"。

基辛格说他非常希望去北京，但如果以个人身份前往的话，这会在政治方面带来一些影响，至于什么影响，我没有向他细问。我想可能是外交方面的，比如台湾会恐慌，莫斯科会不安，一些和美国互为盟国的亚洲国家也会紧张。

斯诺的泄密使美国媒体及公众对事情有了更多的猜测。4月28日，《洛杉矶时报》刊登了邓·爱尔文的一篇文章。第二天，《纽约邮报》也刊登了这篇文章。这就使希拉利产生了怀疑。他认为这位记者得到的"高层渠道"的消息来源于白宫内部。因为文章中提到"去年10月25日，尼克松向叶海亚·汗表达了想与中国恢复友好关系的意愿"。

希拉利5月4日的手信也暗指了此事：

您可能对随后附上的文章感兴趣，文章都提到了您。一篇摘自《纽约邮报》，一篇摘自《洛杉矶时报》，这两份报纸都销量很大、发行甚广。

埃德加·斯诺是美国著名的作家，和毛泽东交往甚密。去年12月在北京时，他听说尼克松和周恩来通过第三方秘密接触，于是写了一篇文章，刊登在《生活》杂志上。人们纷纷猜测神秘的第三方到底是谁。罗马尼亚驻华大使、英国、法国和加拿大外交官都被外界认为是潜在的秘密渠道。一个叫邓·爱尔文的记者首次披露了巴基斯坦是神秘的第三方（附报道），他肯定是从白宫方面获得的消息。

无论这个消息是不是白宫泄露的，它带来的影响还是较为乐观的。如果是白宫方面有意泄露此消息的话，其目的是让美国的政要和媒体要人不向尼克松政府施加那么大压力来阻止向我国提供军事和经济援助。我已经向外交部汇报过，由于媒体的曝光，政府面临巨大压力。人们自发的宣传活动造成的影响力甚至不亚于当年对比夫拉的支持。[①]

因此，这件事带给我们的好处不仅在于尼克松在这个关键时刻全力支持您和您领导的政府，而且我们能在中美两个大国建立关系的关键时机扮演重要角色，这个期间正是我们急需尼克松的帮助、挫败敌人阴谋的时候。他们因为东巴基斯坦一事而对我们虎视眈眈，不怀好意。

希拉利在注释中提醒叶海亚·汗重视他的提议：

相信您还记得当选总统后您所承担的重要任务。1969年7月31日，尼克松在拉合尔和您也谈到过此事。外事秘书约瑟夫和其他官员并不建议您担当这一角色。

在信末，希拉利转回到关于作为中国方面联络人的话题：

基辛格本周回华盛顿，我于5月10日或11日和他会晤，相信届时会有消息传给北京。

---

① 附路透社关于国会议员要求停止经济援助和军事援助的报道。

此时的基辛格正在棕榈泉休假，正在做全面准备以应对北京之行。这次，基辛格准备了一大堆有关中国的材料。"休假时我带了大量的书籍，中国历史、哲学和文学艺术等。温斯顿·洛德负责资料收集整理，这是个头疼的工作。因为他要想方设法瞒过他的华人妻子贝蒂。她漂亮可爱并且聪明机敏。[1]贝蒂出生于上海，其父母来自中国大陆，她和台湾方面关系尤为密切。到后来，温斯顿·洛德整理的资料多得堆到了天花板。[2]

另外，基辛格向美国驻伊斯兰堡大使约瑟夫·法兰（Joseph Farland）发送了密电，要求他回国到棕榈泉见面，不得向基辛格的国务院领导走露任何风声。[3]5月7日，基辛格向他简短介绍了中国之行的计划，"当时我的设想是在巴基斯坦会见中国代表，或者在中国南方的某个机场会见中国代表"。

约瑟夫·法兰建议会见地点最好是在中国，不要选择巴基斯坦。法兰深知其中的利害。如果双方的会谈内容外泄的话，"反正中国人会做会议记录，要是被录音的话，中国人做记录要比巴基斯坦做记录更令人放心"。基辛格表示同意："我告诉约瑟夫·法兰打算通过美国驻卡拉奇海军特使建立一条海军备用渠道[4]，海军司令、作战部长小埃尔莫·R. 朱姆沃尔特（Elmo R. Zumwalt. Jr）曾在柏林谈判时为我建立过类似渠道（后来证明海军渠道并不奏效，在赫尔姆斯的协助下，我们通过中情局建立了有效的传递

---

[1] 这个不合格的赞扬没能阻止她的电话被窃听。自1970年5月12日，白宫开始了对贝蒂长达九个月的窃听。[Isaacson (1992), p.223]

[2] Kissinger (1979), p.721.

[3] 基辛格认为约瑟夫·法兰是一个"不称职的外事局工作人员"。他总是"先私下和华盛顿主管联络，然后再做决定"。

[4] 不管怎么样，就算中情局毫不知情，洛德和海军司令小埃尔莫·R. 朱姆沃尔特对每一步的发展都十分清楚。

体系)。" ①

基辛格向约瑟夫·法兰说明了他的计划。他想和约瑟夫·法兰做一次访问旅行,去的地点分别是西贡、曼谷、新德里、伊斯兰堡和巴黎。"约瑟夫·法兰和我认为最好在周五早上抵达巴基斯坦,约瑟夫·法兰会安排一天的时间让基辛格和美国大使馆人员及巴基斯坦政府人员见面会谈。如果叶海亚·汗同意的话,他可能会邀请我去某个地方过周末,比如开伯尔山口或某个山顶招待处。我会从巴基斯坦机场大摇大摆地离开,悄无声息地乘坐准备好的美国飞机或巴基斯坦飞机或中国飞机飞往中国。我们会根据地址及可行性确定最后方案。36个小时之后,我会高调出现,然后飞往巴黎。约瑟夫·法兰认为这个方案可行。他说回到巴基斯坦后立刻联系叶海亚·汗,我说我会告诉希拉利约瑟夫·法兰所承担的角色。" ②

5月9日,基辛格返回华盛顿,准备好了回复周恩来的信息。5月10日,尼克松看完此信后批准通过,5月10日中午,基辛格在白宫约见了希拉利。希拉利回到使馆后,没有用速记,而是详细地写了长达五页的信:

今天上午基辛格约见了我并给我一封信,阅读后请转交给中国驻伊斯兰堡使馆的中国大使。尼克松总统非常希望您能以个人名义向中国转达下列事宜:

1. 基辛格最好先和周恩来或其他中国高层代表进行会谈。双方可以就各自关心的问题进行交流。这样的见面符合双方利

---

① Kissinger (1979), p.722.

② Kissinger (1979), p.723.

益，有利于尼克松和周恩来之间的会谈。基辛格是美方的最佳
人选，他熟知尼克松总统的工作，无须请示华盛顿可以自己做
决定。

2. 基辛格可以借去越南为掩护而秘密访华。在返回途中，
他会在曼谷、新德里、伊斯兰堡做短暂停留，表面上会进行一些
双边问题讨论。周四到伊斯兰堡，最好能在周五晚上或者周六上
午到中国，然后在周日晚上返回拉瓦尔品第，继续巴黎之行。他
可以乘坐巴基斯坦飞机，或者中国飞机，但行程一定要保密。届
时他会把他乘坐的总统坐机留在拉瓦尔品第。我们可以对外宣布
我们邀请他到巴基斯坦北部地区度周末，至于地点，我们可以根
据情况再做安排（我建议考虑罕萨、纳蒂亚格里、卡刚等地方）。
对此，基辛格本人也同意我们的建议，如果叶海亚·汗有意亲自
带基辛格赴北京，基辛格和尼克松都倍感荣幸。[1] 否则基辛格仅
仅带几位随行人员。

3. 基辛格访华一事要保持高度机密，否则国会议员有可能
开听证会质询他去中国的原因。

4. 如果周恩来总理不希望和基辛格在中国边境会谈，基辛
格愿意去中国内地会谈。但考虑到空中飞行时间较长，安全尤为
重要，一定要选择可靠的飞机。可以考虑乘坐巴基斯坦的707飞
机，这样，时间和安全都可以很好地兼顾。

今天时间紧迫，急急忙忙地赶上了外交信件袋。[2] 收到信件
后请来电确认。

---

① 叶海亚·汗后来回忆道："基辛格很怕去中国，甚至不顾体面地要我陪同他一起去。
我说我精神上支持他，可以派一名将军陪同他，但我本人不能去。周恩来保证会照顾
好他。"叶海亚·汗于1975年8月2日在拉瓦尔品第告诉作者。

② 希拉利在急忙之中忘记书写日期。

现在我带 M. M. 艾哈默德①去白宫。白宫的态度非常积极。明天，艾哈默德会向您写信汇报。

另，基辛格想让我通知您：

1. 已经告诉约瑟夫·法兰相关计划。他会参与此次行动。两三天前他在加利福尼亚见过尼克松，不过他的使馆人员不知道该计划。

2. 我们联络时不要使用自己的密电，东巴基斯坦事件之后，密电安全性无法保证。

基辛格给希拉利的信息写在一张没有标记的白纸上：

尼克松认真阅读了周恩来让叶海亚·汗于1971年4月21转交的信息。尼克松同意中美双方开展高层会谈，解决分歧，促进两国关系的全面正常化。尼克松总统高度重视我们两国关系的恢复，愿意接受周恩来总理的提议，去北京和中国高级领导人展开直接对话，双方可就核心问题进行商谈。

为了做好尼克松总统访华准备，同时为及早与中国领导人建立联系，尼克松建议国家安全事务助理基辛格和周恩来或另一个中国官员进行秘密会晤。基辛格希望能搭乘巴基斯坦航班直达会议城市。基辛格会被授权商谈尼克松访华时的全部安排，包括会议时间、地点及双方感兴趣的话题。如果认为有必要公开派遣一名特使以促成基辛格访华之行，基辛格将负责安排此事。预计基辛格和周恩来会谈不久后，尼克松总统的北京访问会对外宣布。

---

① M. M. 艾哈默德，总统经济顾问，前计划委员会副主席（1966—1970）。他在伊斯兰堡乘坐电梯时被人捅伤，警方认为凶手不是和他一起工作的政府人员。

基辛格准备在1月15日左右到中国。

　　预计基辛格会听从叶海亚·汗总统办公室的安排。详细内容包括访问天数、地点、交流内容及相关事宜。为保密起见，其他渠道一律不得使用。基辛格和中国高层领导人的首次会谈要严格保密。①

　　希拉利信件上的注释显示叶海亚·汗于5月17日晚在拉合尔收到信件。两天后，5月19日，叶海亚·汗把信件转到了中国大使手中。

　　叶海亚·汗5月19日在卡拉奇会见了中国大使张彤，转达了基辛格的意见。下面是为叶海亚·汗会谈发言所准备的手稿记录：

　　已经逐字转达了尼克松总统的信息。下面是我对此事的看法。

　　我和尼克松、基辛格都非常熟悉，我认为基辛格是白宫中尼克松最放心的人选，又是白宫中最有能力的顾问。我真诚地建议周恩来亲自和基辛格进行会谈，我相信基辛格得到了总统的全面授权进行会谈。这对两国利益都有好处。

　　我建议双方进行秘密会谈是因为我知道尼克松对此事高度重视。他希望此事高度保密，避免给美国带来政治上的灾难性后果。

　　我在前几次的信中谈到尼克松希望此事绝对保密，避免让其他政府官员参与，以促成会谈的成功进行。他本人强烈希望与中

———————

① 1979年版《基辛格》一书第724页中有完整资料。

国建立友好关系，这也就说明了他为什么要进行秘密会谈。

基辛格会先飞往越南，回来的途中会去曼谷、新德里、伊斯兰堡。以上都是掩饰计划，他的真实意图是希望我们帮助他从巴基斯坦北部地区乘坐巴基斯坦航空公司航班飞往中国，请您建议合适地点。

由于从斯里兰卡到东巴基斯坦的航班时间较长①，飞往中国其他城市会花费更多时间，因此我建议或许从北部航线进入中国会更为节省时间。基辛格访问中国后要返回伊斯兰堡，继续他的访问，然后回国。因此，时间对于基辛格非常重要，他的行程时间不能超过三天，包含飞行时间在内。我建议您在向尼克松总统回复信息时考虑上述因素。我知道基辛格有可能代表美国去北京，如果您也这样希望②，请在安排时考虑时间因素。

1971年5月20日，希拉利大使向叶海亚·汗发送了C-406号密电，标有"绝密，严禁外传"的字样。解密后的文件如下：

基辛格明天要见我，可能又有新的消息要您传达给北京。他再一次强调了不要通过电报传送消息。要用特别渠道。但考虑到费用问题，我不愿这样做。我告诉他应该考虑与伊斯兰堡的约瑟夫·法兰联系，他会到卡拉奇亲自传送文件。基辛格说他会请示尼克松，明天告诉我答复。我明白此事意义重大，他目标明确，想让北京之行更加有把握。如果他同意经约瑟夫·法兰向您转

---

① 1971年2月4日，印度下令禁止东西巴基斯坦航班飞过印度领空。

② 当时关于会谈地点，尼克松和基辛格都非常重视。基辛格回忆道："尼克松迫切想成为访问北京的第一个美国领导人，因此他要求我把会谈地点定在中国其他任何地区，我不知道如何向巴基斯坦和中国领导人解释这一点。"

交，请您于5月23日在卡拉奇和约瑟夫·法兰会见。

1971年5月22日，约瑟夫·法兰向叶海亚·汗呈送了打印好的未经标记的信息：

给中华人民共和国政府的信息

以下信息由美国总统尼克松于1971年5月20日告知中国政府。

美国政府和苏联政府回顾了历次战略武器装备裁减谈判后，同意双方就缩减反弹道导弹系统一事进行会谈。双方就缩减反弹道导弹系统事宜达成一致。双方还同意将积极努力创造条件减少反弹道导弹系统，同意采取措施减少战略防御体系武器。双方采取上述措施为日后缩减战略武器会谈奠定了基础，相关会谈会积极启动。尼克松强调美国政府的政策不针对中国，基辛格已做好准备与中国代表会谈时提及上述事件及相关问题。[1]

第二天下午7：00，该信息被传达给中国大使。

1971年5月26日，希拉利大使又亲自给叶海亚·汗写了一封长达三页的信：

5月18日收到卡拉奇发来的电报（962号电报），由您的秘书美莉发送，并标示："密电已达，并原封不动地送往总统。"

我还不清楚一事，即5月10日，基辛格转交给周恩来的信件是否在您去卡拉奇之前就已经传给在伊斯兰堡的中国大使？ 5月

---

[1]　Kissinger (1979), p.725.

20日，基辛格向我核实时我给了他肯定的答复，因为5月13日或14日时我的信已经到达您那里。您肯定已经见过中国大使，给他信息后才前往卡拉奇。很显然，了解信息何时送给伊斯兰堡的中国大使对基辛格很重要。

我在5月20日C406号密电中提到，基辛格听取了我的意见，将会通过约瑟夫·法兰和您联络。不过，当您获得中方回信时，请务必通过外交袋而不要再通过约瑟夫·法兰之手。其原因我已在昨天（5月25日）C430号电报中解释过。我要全面了解此事，为了我提出的有关我们自己事务的诉求能够得到充分考虑。事实上，基辛格对约瑟夫·法兰并不欣赏，他也坦率地承认通过约瑟夫·法兰仅仅是一个备用措施，一旦碰巧我不在华盛顿时可启用，因此尼克松在加利福尼亚找到约瑟夫·法兰时向他讲述了事情的重要性，让他做好传递信息的准备。基辛格本人和尼克松都希望通过我来处理此事，因此要求通过外交文件袋传送文件，而不要再通过约瑟夫·法兰。

几天前，基辛格告诉我他打算以7月1日参加韩国总统就职仪式为由，秘密完成访华之行。安排得当的话，他将于6月20日去首尔的途中到巴基斯坦，或参加完首尔活动后于7月8日晚抵达巴基斯坦。相信您会安排好基辛格到达拉瓦尔品第之后失踪两三天一事的安排。

1971年5月31日，外交部长给在华盛顿的希拉利回了电报：

好消息，会议地点定为北京，航班由我们安排，会议等级如您要求。

详细信息将按安全方式另行发送。[①]

5月26日，尼克松在阿拉巴马公开讲话，谈到"努力改善中美关系，帮助中国进入国际舞台"。同时暗示中国将对世界秩序承担重要角色。并说接下来的五年至十年内，美国将与其他四个权力中心——西欧、日本、苏联和中国，共同承担领导责任。后来他又补充道："这未尝不是一件好事。"[②]

中国方面传来的好消息，是指外事秘书苏尔坦传达了由周恩来给尼克松的回信。1971年5月29日，中国大使把信息传给了叶海亚·汗。总统府记录纸上的内容如下：

周恩来非常感谢叶海亚·汗，向他表示诚挚的谢意，感谢他转达的三份尼克松总统的信息。

周恩来认真地阅读了1971年4月29日、5月17日和5月22日的信息，并且上报给了毛泽东主席，说尼克松政府已经做好准备和中国政府开展直接对话。对尼克松总统阁下的访问表示欢迎和期待，愿意就双方认为重大的问题展开会谈。但首先要解决的问题是美国从台湾及台湾海峡的全面撤军。

周恩来欢迎基辛格博士代表美国来中国访问，为尼克松总统来华创造条件，铺好道路。

周恩来建议基辛格在7月15日至7月20日之间选择来访日期。地点可定为北京，从伊斯兰堡可以秘密直接飞抵。[③] 至于航班，基辛格可以选择巴基斯坦波音飞机，如果有必要，中国可以

---

① 1971年5月31日伊斯兰堡外交部致华盛顿密电，编号O–3936.

② 1971年5月6日《曙光日报》报道。

③ Kissinger (1979), p.727；基辛格谈论时说的是"中国"而不是"北京"机场。

派一架专机去接基辛格。全部的访问行程，含飞行时间，可能有3—4天。如果基辛格要求使用自己的通信设备，我们也同意。

由于要彻底保密，基辛格访华难度较大，因此也可以考虑公开访华。如一定需要保密，中国政府当然可以确保绝对秘密地进行。双方可以在会谈后发布公开宣言。

其他细节，可由叶海亚·汗安排直接与中国大使进行商谈。

周恩来非常期待在不久的将来与基辛格会谈。①

叶海亚·汗对这次交流做过长长的口述，军事秘书的记录如下：

前边所述消息说明周恩来就会谈一事给基辛格很多选择，我明白基辛格希望此事要绝对保密，周恩来也做出承诺保证会谈的秘密进行。其余的保密工作就要看美国和巴基斯坦了。

我已经和中国人使商谈过我方的具体安排，建议如下：

1. 基辛格到达北京时间尚不确定。

2. 基辛格在伊斯兰堡停留24小时，先和我共同进餐，然后去巴基斯坦北部地区，地点不对外公开。也就是他会乘坐波音飞机从巴基斯坦北部地区飞往中国，飞行时间大约七个小时。

3. 完成会谈后，基辛格会重返伊斯兰堡，继续他的行程。

如果基辛格认为需要一名巴基斯坦官员陪同，可以由我来负责安排。

5月31日，在拉瓦尔品第的军事秘书在记录中提到"总统指

---

① Kissinger (1979), pp.726–727.

示让我抄写文件，送到外交秘书处，并通过最安全快捷的传送渠道发往驻华盛顿大使那里"。安全快捷的方式是指通过外交部专用传送袋传递。

在华盛顿方面，希拉利通知了基辛格文件已经传送。基辛格写道，"5月31日，我们收到希拉利令人激动的密电：北京发来的信息正在路上，希拉利看过密电，内容令人欣慰。他相信中国基本上接受了我们提议的核心内容"[1]。

外事秘书苏尔坦·穆罕默德·汗在回忆录中写道："基辛格计划出发的日期迫在眉睫，时间紧急，来不及通过正常方式传送文件，后来决定让负责北美事务的外交部主任巴什·巴布[2]亲自传送答复。他沉稳谨慎，办事令人放心。1971年6月1日下午，我把密封好的信封交给他，让他当晚飞往卡拉奇，再转机飞往华盛顿。他对此并没有表现出太多的好奇和惊讶。当我把信封放到他手上时，我告诉他要不惜一切代价保护好此信，如果有任何回复或万一信件丢失，要立刻回来报告。[3]他微笑着简短地回答道：'遵命，长官。'"[4]

苏尔坦·穆罕默德·汗继续写道："与此同时，基辛格收到消息说，中国方面的重要回复信息正在传送中。"巴什·巴布6月2日到达华盛顿，晚上8:10，焦急万分的基辛格收到这封信后，心里的石头终于落了地。这条消息，的确是有重要历史意义的，标志着20多年来封冻的中美关系终于走向一个新的发展方向。[5]

---

① Kissinger (1979), p.726.

② 巴什·巴布，1980—1984年任巴基斯坦驻黎巴嫩大使，1989—1990年任巴基斯坦驻印度武官，1990—1994年任巴基斯坦驻澳大利亚高级指挥官。

③ 为安全起见，巴布的妻子把信件缝到了他的夹克口袋里。

④ Khan (1997), p.251.

⑤ Khan (1997), p.251.

　　基辛格和尼克松两人都清楚地记着收到信息时的情景，但两人的描述却各不相同。[1]

　　基辛格在回忆录中写道："我从办公室西翼出来，一路小跑去找总统。当时他正在设宴招待尼加拉瓜总统安那斯塔森·索木沙。我告诉宴会厅外的值勤警卫说我有要事要向总统汇报，需要见他几分钟。我在大厅里等着。9：30，总统走了出来，我走上前告诉他这一消息，他听到后非常兴奋，带我来到林肯会客厅，拿出两个酒杯和一瓶白兰地，我们互相庆祝取得的成功，同时举杯，一饮而尽。"

　　尼克松的回忆录则有所不同："帕特当时和我在蓝室招待宾客（索木沙），喝完咖啡后，我去林肯会客厅处理一些书面文件。不到五分钟，基辛格便走了进来，他肯定是从西翼一路跑过来的，因为他还是上气不接下气的样子。他递给我两页用打字机打出的文件。'这份文件刚刚到达巴基斯坦大使馆，'他说，'希拉利跑着送过来，他兴奋地递给找时，手都在颤抖。'我开始看信，基辛格站在一旁，满脸堆笑（尼克松在此复述了经过删节的文件信息）。我看完信后基辛格说：'这是第二次世界大战结束以来美国总统所收到的最重要的信件。'"我高兴地取来陈年拿破仑白兰地（圣诞节礼物），举杯庆祝。下面的祝酒词在两人的回忆录中都一样："亨利，我们喝这杯酒不是为了我们个人祝福或者庆贺我们的成功，也不是为了祝贺我们能够收到这封信和享受今晚这样难忘的时刻。让我们为今后的世世代代干杯，他们可能会由于我们所采取的行动而有机会过上更加和平美好的生活。"[2]

---

[1]　Kissinger (1979), p.727.

[2]　Nixon (1978), pp.551–552; Kissinger (1979), p.727.

第三章　航班计划

尼克松对"最重要的交流"做出了迅速回复。基辛格在回忆录中写道："温斯顿·洛德和我花了两天时间，经过多次修改，最终确定了回复中国的信件，6月4日下午，我们向希拉利递交了给北京的回复。"①

第二天，6月5日，希拉利向叶海亚·汗总统递交了两页的打印信件，同时附上那天下午他和基辛格会见的补充记录。信件的附言中写道："昨天晚上基辛格派人叫我过去，交给了我要转给中国驻巴基斯坦大使的打印函件（原件），然后再由大使转往北京。"下面是补充记录的内容：

1. 尼克松总统认真阅读了叶海亚·汗总统转送的周恩来总理写于1971年5月29日的信件。他非常期盼到中国进行访问并和中国高层领导人进行会谈。

尼克松总统感谢周恩来总理对总统代表的热情邀请。由于时间紧迫，基辛格需要合理安排行程，无法于7月的第一周出发。尼克松总统建议基辛格于7月9日从伊斯兰堡到达北京，11日离开，航班为巴基斯坦波音飞机。

---

① Kissinger (1979), p.727.

基辛格被授权在尼克松总统正式访华前代表美国政府和中国会谈，并且负责总统访华的全部安排。基辛格不会使用个人通信设备，预计他有四名随行人员。

尼克松总统感谢中国政府为基辛格访华所做的保密工作，并对基辛格之行高度重视。如双方同意，基辛格将被授权于回国后就两国访问事宜发表联合公报。

基辛格非常期待中国之行，以及与周恩来总理进行会谈。尼克松总统视此次访问为改善中美两国关系的第一步。[①]

接着，希拉利在信中就基辛格的中国之行进行了详细说明。

2. 基辛格将十分感谢叶海亚总统向中国当局解释，因为保密工作极其重要，他有可能对外宣布访问南亚，以此作为掩护从巴基斯坦秘密飞往北京。如果此次南亚之行像6月15日那样仅仅做出简短宣告，那么，不仅这里的媒体，甚至世界各地的媒体都会胡乱猜测事情的内幕。他于6月2日晚才收到中国的回复，时间不够充分，无法低调宣布南亚访问。

3. 因此，尼克松总统决定推迟基辛格的访问之行到7月初。他将飞经太平洋到达曼谷、新德里和伊斯兰堡。他将在新德里停留至少48小时，从而避免印度怀疑他为何在巴基斯坦停留3天。

4. 因此，他会在7月8日从新德里搭乘总统专机到达拉瓦尔品第机场。我方会给他安排一些官方活动。他会配合我方安排，完成当天活动。

5. 第二天早晨，7月9日，星期五，他希望乘坐巴基斯坦

---

① Kissinger (1979), pp.727–728.

波音飞机飞往中国。周日下午返回拉瓦尔品第，当晚乘机飞往巴黎。

6. 基辛格不会带随行翻译，希望中国政府对此做好准备，他将很高兴中国能为自己安排翻译人员。①

7. 他不打算在北京使用自己的通信设备，避免苏联侦察出有人在北京联络华盛顿。

8. 在巴基斯坦期间，基辛格希望与他的四名随行人员住在同一幢大楼。我建议安排他和随行人员住在拉瓦尔品第总统客房。他对此深表感谢，同时希望您通知中国政府，在北京期间，他和他的随行人员也能住在同一幢楼里（另外，基辛格说喜欢中国食物②，愿意不公开地参观北京一些名胜）。

9. 基辛格希望中国政府尽快确定以上访问日期，因为他要向外界宣布他的南亚之行。请您向中国政府转达北京之行的日期安排，如更改日期，会对此次行程造成诸多不便，很难向外界隐瞒基辛格的北京之行。中国政府确定访问日期后，基辛格会马上宣布"目标明确的"南亚访问。

10. 基辛格向我介绍了他秘密访问北京的安排，我亲笔写下了详细的安排，随信附上。

11. 此信由我亲自打印，包括附件。

（信头上标有"绝密，经由可靠的人"字样。）

第三个文件记录了希拉利和基辛格的讨论内容，涵盖了基辛格伊斯兰堡公开之行和秘密之行的具体计划。

---

① 基辛格非常自信是有原因的：他的助手温斯顿·洛德能讲一口流利的汉语。

② 后来，基辛格披露他在这次行程中胖了两磅，1971年10月又胖了五磅。

1. 关于巴基斯坦和北京的访问计划，基辛格建议如下：

（1）基辛格于7月8日抵达拉瓦尔品第，我们可以安排官方的活动行程，让总统、M. M. 艾哈默德和外交部长与他就两国利益展开会谈（我想在会谈之后，如果总统计划在总统府安排小型欢迎晚宴的话，可能会在宴会前先邀请基辛格小酌几杯）。

（2）或许，基辛格可以在第二天早上对外公开宣布离开拉瓦尔品第机场前往萨戈达军事机场。之后他将乘坐等候在那里的巴基斯坦国际航空公司飞机飞往北京。当然，他也可以直接从拉瓦尔品第飞往北京。基辛格认为既然计划对巴基斯坦媒体及国际媒体宣布将于7月8日完成正式会谈之后由艾哈默德或其他巴方官员陪同在接下来的两天内参加一些休闲和观光活动（地点可由您定），那么我们有必要在拉瓦尔品第安排一些相关的公开送行仪式，欢送他从拉瓦尔品第乘坐福克友谊飞机飞往萨戈达。如果他直接从拉瓦尔品第飞往北京，我们应安排约瑟夫·法兰和其他巴方官员乘坐飞机飞往观光地。他会让约瑟夫·法兰和我们的代表一直待在观光地，以此让外交官、大使、巴基斯坦公众以为他在观光游览，从而隐瞒他去北京的真实行程。

（3）基辛格建议四名男性随行人员与他同行（不包括约瑟夫·法兰），这四个人从华盛顿就开始陪同基辛格。

（4）7月11日下午，周日，基辛格从北京返回伊斯兰堡，法兰和我方人员也从巴基斯坦的名胜观光地返回拉瓦尔品第，以示基辛格和他们一直同行。他担心外交官员或美国使馆人员可能会有人知道这次秘密行程，因此，他会再度强调在拉瓦尔品第期间，他将一直和巴基斯坦领导人在一起，除了约瑟夫·法兰大使，他不会再带任何其他使馆人员，全程有四位随行人员陪伴足矣。

（5）为确保计划实施，他在拉瓦尔品第期间将住在总统客房，而不住在约瑟夫·法兰大使官邸或酒店。

2. 基辛格认为如能在7月8日早上乘坐波音飞机从拉瓦尔品第起飞，那么当天下午1点左右就可秘密降落在北京附近的机场，他让我们转告中国政府，其间他会一直与中国领导人在一起。在京期间，他绝不希望会见外交使团，因为他不想让外界知道他的行踪。

3. 基辛格希望离开北京的时间定在7月11日上午11:00之后。当天下午6:00可返回拉瓦尔品第。当晚从拉瓦尔品第飞往巴黎的行程可以对外公开，这样外界就可知道他完成了巴基斯坦之行，并于当晚飞往巴黎。

4. 基辛格告诉我如果他从这里派一名白宫官员到伊斯兰堡，与我方官员参与伊斯兰堡—北京之行的详细安排，那么美国驻伊斯兰堡使馆有可能会泄露秘密。因此，美国政府希望我们选择一位值得信任的人员，最终制订好基辛格秘密访华及返回的计划。他认为这名人员应属于我国情报部门，这样可保证严守秘密。我建议此人应对全盘计划有详细的了解，如时间安排、地点安排[法兰和巴方陪同人员在7月9日和19日（原文如此）带领基辛格前往休闲地点拉瓦尔品第]、从拉瓦尔品第到北京往返航班的准确时间与安排、我方机组人员在北京两天的住宿安排（基辛格希望机组人员不要与巴基斯坦驻北京大使馆联系，中国政府将会照顾好他们，也就是说，机组人员必须宣誓保密[①]）等信息都要仔细地掌握。由于基辛格和他的人员总共五人，因此极少人数的机组

---

① 欧马将军担心巴基斯坦航空公司机组人员会泄密，因此要求他们为了国家利益和爱国之心要对北京之行严格保密，直到官方公开消息为止。后来他们做到了。[Khan (1997), p.268]

人员就可完成任务。

5. 我相信我会被告知白宫会派哪位人员来完成上述安排。我建议应该尽快派遣此人，与一名巴基斯坦国际航空公司高管商议，了解时间路线，确保来回航班无误。

6. 请通过电报告诉我此人名字及其他详情，以便我做好特别安排，不让这里其他人员知情。①

第二天，1971年6月6日，希拉利向叶海亚·汗总统手写了一封信，信中谈到了一些他无法在6月5日的信中公开说明的一些想法：

我问基辛格是否需要巴基斯坦高层领导人陪同他一起去北京，他反问我，在他与中国领导人会谈时我们是否愿意在场。当然，出于好意，我说此事由他自己决定。如果他需要我们在场，我们乐于奉陪，别无他意。

基辛格答复说不知道中国人将如何对待此事，也许双方会谈时没有第三方会更好。我明白他其实并不希望我们参与他和周恩来总理的会谈，也不希望让他们的人员参与其中（可能你注意到他连约瑟夫·法兰大使都不想带到北京）。

基辛格偶然谈到他这辈子从来没有碰过枪，因此如果我们说7月9日后基辛格会从拉瓦尔品第去北部地区狩猎，美国人是绝对不会相信的（我说到这一点是以防有人也会这样对外说）。基辛格也不钓鱼，我们最好说他自南亚之行后，要去巴基斯坦地区放松休息一下。如果您考虑派约瑟夫·法兰或艾哈默德去北部的

---

① 事实上，巴基斯坦方面未派任何官员。

奇特拉尔或罕萨，我们可以说他去观光。人人都会相信外国人有兴趣去看一下神秘的罕萨山——香格里拉。

最近您工作繁忙，压力重重，祝您身体健康，一切如意。接下来的几个月将更为重要。

附：您可能了解到我已经为阿尤布·汗①做了全面安排。上个月10日他手术做得很成功。五天前，他刚出院，现在在克利夫兰城郊的一家小宾馆疗养。

6月6日，希拉利把这封信交给了等候已久的外交信使——巴什·巴布先生。他带着此信离开华盛顿。尽管白宫、伊斯兰堡及北京做了大量的工作以备不测，但据苏尔坦先生回忆，人为的错误是不可避免的。巴布先生在伦敦机场睡过了头，错过了航班。"叶海亚·汗对于信件的耽搁生气极了，每天都质问巴什·巴布能干什么。"②

而在巴布的记忆中关于返航的记载有所不同。按原计划，他从华盛顿返回并不经过伦敦，而是途经阿姆斯特丹。在飞机转机返回卡拉奇之前，他在阿姆斯特丹有八个小时的候机时间。有人向他提供城市观光或酒店入住服务，他选择了在附近一家酒店休息。因为他知道有重任在身，所以不能远离机场。③他小睡了一会儿，准时醒来，随后登机赶回了拉瓦尔品第，开车直奔总统府。哪里知道总统等得早已不耐烦了，而外事秘书更是气得火冒

---

① 阿尤布·汗，（1958年10月至1962年2月，担任军事管制首席执行官，1962年2月至1969年2月，任总统）巴基斯坦前总统，叶海亚·汗总统的前任。他去了俄亥俄州的克利夫兰接受心脏手术。

② Khan (1997), p.251.

③ 返程时，巴布先生把信件缝到了他的夹克口袋里。

三丈。

巴什·巴布传送的基辛格给周恩来的消息于 1971 年 6 月 9 日下午 7 : 15 经中国大使之手传到了周恩来那里：

我于 6 月 2 日通过特殊渠道向尼克松总统转交了您的消息，因此他不大可能匆匆对外宣布基辛格 6 月 15 日的南亚访问。短时间内如此仓促的安排会引起国内外媒体的怀疑。基辛格将于 7 月 8 日完成东南亚访问，然后到达巴基斯坦，7 月 9 日早离开伊斯兰堡，秘密飞往北京，届时我可以陪同他一起前往，并在 7 月 11 日和他一起返回。希望您同意以上计划。

同时，我了解到基辛格不带随行翻译。

基辛格和他的四人小组及机组人员将会全程和中国政府在一起。访问小组没有其他人，甚至巴基斯坦大使馆都未被通知参与。

基辛格等候您向他发出邀请，他提到喜欢中国食物，愿意不公开地参观一些北京胜地。

尼克松总统想尽快确定访问日期，以便宣布基辛格的东南亚访问行程。

（信纸左下角写有"苏尔坦"这个名字。）

叶海亚·汗确认了这条消息是由外事办公室的密电发出，消息上标有"绝密，总统致希拉利大使密电，大使亲启"：

今天巴什·巴布送来了你的信，信中提到的日期和时间已经全部被接受。请转告基辛格，现在可以对外宣布访问日期行程。请查收外交邮件袋中的书面信息。

中国的反馈非常迅速积极，1971年6月12日周恩来总理通过驻巴基斯坦大使张彤向叶海亚·汗总统口头传达了下面的信息：

1971年6月9日，收到尼克松总统通过叶海亚总统传达的信息，周恩来同意把访问日期改为1971年7月9—11日，中国政府会做好相关的准备工作。

（1971年6月14日，此信息经拷贝发给希拉利。）

信中，周恩来总理另起一页，给叶海亚总统写了对基辛格的访问行程和航班细节的安排：

1. 周恩来总理再次感谢叶海亚·汗总统为中美两国之间的联络做出的不懈努力。

2. 中国同意推迟试飞计划，时间可改为七月底，具体时间届时商议。届时中国将派领航员乘坐专机从北京飞往伊斯兰堡指定地点，我方专机到达后立即返回，而领航员则留在巴基斯坦等候巴基斯坦波音飞机试飞。巴基斯坦波音飞机到达北京后，加完油即可能当天就返回，我方人员随机飞行，等候伊斯兰堡的进一步安排。

3. 为欢迎基辛格博士，试飞飞机自北京返程时，我方派适当官员乘坐该机赴伊斯兰堡迎接基辛格，与他一同乘坐该机返回北京。请叶海亚·汗总统研究方案是否可行并提出建议。

4. 为保密起见，我们建议中国、美国、巴基斯坦与此行程有关的人员一律免验护照、签证。

叶海亚·汗总统向希拉利发送了信息，表达了他的意见：

以上信息终于把事情妥善安排了，现在您肯定已经收到了苏尔坦通过外交公文袋送去的文件，内容是关于我们安排的详细情况。我方会做好掩盖计划，请向我们的朋友说明情况，我们会确保计划顺利进行，已经做好全面安排，无须多虑。我期待着基辛格于1971年7月8日午时到达伊斯兰堡。

请立即发出上述信息，并发电报确认对方收到信息及对方的反应。

接下来的密电编号为C-521，是1971年6月22日希拉利给叶海亚·汗总统写的绝密文件。

1. 昨天（1971年6月11日），基辛格给我打电话，让我向您传达尼克松总统个人的感谢，称赞您是"两国的真诚朋友，为双方和平关系做出杰出贡献"。他期望在7月8日和您在拉瓦尔品第会见。

2. 7月1日，他从华盛顿途经太平洋飞往曼谷，6日晚抵达新德里，8日中午抵达拉瓦尔品第，因为他不想因为在巴基斯坦停留的时间比印度长而引起印度方面的怀疑，他将会告诉印度他7月10日飞往巴黎。抵达巴基斯坦后，7月9日晚，我们会对外宣布基辛格身体不适，我们将安排他在巴基斯坦纳蒂亚加利休息，飞行计划推迟24小时。他询问我们是否有何疑问，我说没有。我们也会通知另一方，这样，我们在巴基斯坦宣布消息时，他们就不会误认为基辛格的访问时间被缩短了。拉瓦尔品第和其他地区访问时间照旧，基辛格想让您派一名官员就他的行程事宜和法兰联络。我估计此人会是外事秘书或军事秘书。请用电报回复。明天外交公文袋中另有详情。

1971年6月24日中午，信息传到了中国大使手中。

希拉利在密电中提到的信息有两页、三个附件，全是他亲自打印的。6月22日的信件含七段内容，信头标有"巴基斯坦大使馆"，内容如下：

1. 此信是C–521电报的详情，电报今天已发出，是关于昨晚基辛格从白宫回来后告诉我的事情。

2. 他将于7月6日飞往新德里，7月8日中午飞往拉瓦尔品第（停留时间不到24小时），印度方面可能会起疑心，为何会在巴基斯坦待三天（7月8日中午至7月11日晚）之久（叶海亚·汗在空白处标记"不足24小时！"）。因此，在未来的两三天内，他会宣布他于7月10日飞往巴黎而非7月11日。不过他会坚持原计划，也就是说，他将于7月11日下午从北京返回巴基斯坦，与你再次见面后，当晚飞往巴黎。（他询问我你是否愿意在他从北京返回后与他见面，我说你希望如此。）

3. 他想让我们于9日晚在拉瓦尔品第宣布，由于基辛格身体不适，他将在巴基斯坦的纳蒂亚加利多待一天，于7月11日返回拉瓦尔品第，直接飞往巴黎。我说我们对此没有异议，先宣布缩短的行程计划，然后再更改计划，对外宣布行程多加一天。

4. 他北京之行的安排工作如此隐秘，让我非常吃惊（陪同基辛格去拉瓦尔品第的人员名单见附录A）。他不仅给自己带了一个替身，而且给他的私人助理温斯顿·洛德①配了一名替身。他会把温斯顿·洛德带往北京，此外还有助理约翰·霍得里奇②、

_____

① 温斯顿·洛德看起来与他的年龄不符。毛泽东在1972年尼克松访问时说"他年纪轻轻，比随行翻译还年轻"。

② 希拉利在回忆录中把"Holdridge"一直误拼为"Holdrich"。

里查德·斯麦瑟、保安人员，还有可能带一名速记员（女性，带打字机）。两位替身和基辛格及温斯顿·洛德长相酷似，他俩会和法兰大使以及我方安排的接待人员一同前往纳蒂亚加利的总统别墅。因此，中国方面应被告知访问团包括基辛格在内是6人而非5人（见附录B）。他想艾哈默德会同意带替身到纳蒂亚加利的总统别墅，让人觉得艾哈默德在那里继续与"基辛格"会谈（或许艾哈默德可以驾车带一行人到纳蒂亚加利，几小时后就回来）。

5. 我很有可能参加基辛格在拉瓦尔品第的会议（如果情况许可，我将尽量安排时间前去），按计划我会去纳蒂亚加利和法兰以及两位替身会晤两天（附录C是去纳蒂亚加利的美国人员名单）。

6. 总统专机机组人员和豪尔·桑德斯（白宫助理）7月8日至11日在拉瓦尔品第的住宿由法兰安排。①

7. 基辛格建议飞往北京的巴基斯坦航空公司的机组人员为航班设定特别代码，以便航班在飞行中与拉瓦尔品第及北京塔台联系。如果继续使用巴基斯坦国际航空公司代码，某些国家会监听到通信内容，从而发现从拉瓦尔品第到北京的这趟航班。

附录A　陪同基辛格赴拉瓦尔品第人员名单

1. 亨利·A. 基辛格博士

2. 基辛格替身

3. 基辛格私人秘书，哈尔珀林先生

4. 基辛格助理温斯顿·洛德先生

---

① "豪尔·桑德斯熟知计划，他留在了伊斯兰堡，与巴基斯坦官员谈论双边事务及做好应急准备。" [Kissinger (1979), p.741]

5. 洛德先生替身

6. 基辛格助理约翰·霍得里奇先生

7. 基辛格助理里查德·斯麦瑟先生

8. 保安人员

9. 白宫助理豪尔·桑德斯先生

10. 女（原文如此）速记员

附录B　陪同基辛格去北京人员名单

1. 亨利·A.基辛格博士

2. 基辛格助理温斯顿·洛德先生

3. 基辛格助理约翰·霍得里奇先生

4. 基辛格助理里查德·斯麦瑟先生

5. 保安人员

6. 女速记员（可能需要）

基辛格对小组成员的说明：以下是我选择的随行人员：约翰·霍得里奇，外交部官员，国家安全委员会负责中东事务特别分析专家；迪克·斯麦瑟，另一位外交部官员，越南分析专家；温斯顿·洛德，曾在国防部工作，现任敏感事件特别助理，忠心耿耿，值得信赖。[1]基辛格没有带女速记员，温斯顿·洛德负责翻译及速记。六人小组中还包括两名安全特工——杰克·瑞迪和盖瑞·麦克劳德，后者在基辛格一行参观故宫的照片中清晰可见。[2]

---

① Kissinger (1979), p.730.

② Kissinger (1979), pp.744–745.

附录 C 中是为掩人耳目去纳蒂亚加利的美国人一行。

附录 C 去纳蒂亚加利人员名单

1. 约瑟夫·法兰大使

2. 哈尔珀林先生

3. 基辛格替身

4. 洛德先生替身

5. 招待晚会的主人,由总统安排,接待访问小组。(M. M. 艾哈默德先生?)

6. 希拉利大使?

另:注意,总统先生选择的招待晚会的主人必须要全面考虑、认真选择,因为他要在纳蒂亚加利招待美国人、安排晚宴和其他活动,他知道这次行动的真实内幕。

在基辛格的要求下,希拉利在发出了 6 月 22 日信息之后的第二天又补发了一条跟进信息。

基辛格让我通知您下列信息:

1. 上个月他在加利福尼亚白宫(California White House)接见约瑟夫·法兰大使,通知他在接下来的几个月内尼克松总统和您之间将进行机密消息的传递(相关信息可能由尼克松总统或您来委派他进行传递)。基辛格并未向约瑟夫·法兰大使透露自己去北京这一消息。因此,到目前为止,约瑟夫·法兰虽然知道中美两国有信息联络,基辛格会在巴基斯坦与中国人秘密会谈,但对基辛格近期去北京会见周恩来一事并不知情。

2. 基辛格谈到,如果您尚未通知约瑟夫·法兰以上特定行程或特定人员的相关信息,则最好不要向他提及,以确保机密。

除了上述信件,6月29日中午,基辛格还通过约瑟夫·法兰大使从华盛顿发了另一个确认信息,经他传递一小时后,下午1点左右,中国大使收到该信息。这条信息是有关五大核成员国裁军会议的,内容如下:

1. 美国政府希望中国政府了解,在基辛格完成北京访问之前,美国将不会对苏联举办五大核成员国裁军会议做任何答复。

2. 不论美国媒体及其他媒体或公众如何猜测,美国政府对基辛格即将进行的中国之行仍保持最高机密,绝不对外泄露任何信息。

3. 基辛格在华盛顿期间被授权与中国政府协商如何公布北京之行的会谈内容和取得的进展。

希拉利如此热衷地为白宫建立巴基斯坦这条秘密渠道的原因很快在他7月1日写给基辛格的信中得到了体现。恰巧这一天也是基辛格最后一次在办公室的日子,第二天,他将按计划开启南亚之行和北京秘密之行。希拉利在信中写道:

昨天晚上您事务繁忙,时间紧迫。不知道下面几件事是否已经引起您的足够重视,这几件事在接下来几个月对我们非常重要。

1. 不要让印度以为,我们会容忍他们在东巴基斯坦打着护送难民回归的幌子开展军事行动,这无异于是对东巴基斯坦的入侵。

如果印度继续叫嚣与我国开战并依旧公开宣称如果不释放谢赫·穆吉布·拉赫曼和允许他在东巴基斯坦建立人民联盟政府，则在印度的巴基斯坦难民将不能返回东巴基斯坦，事实上他们自己也不愿意回归。因此，印度必须停止发表如此言论，如果它真心想要摆脱掉300万难民。印度绝对不可能两者兼得：既让巴基斯坦在东巴基斯坦问题上做出政治上的妥协让步，又想摆脱数量庞大的难民包袱。

2. 叶海亚·汗政府绝不会让难民——尤其是印度教难民重返东巴基斯坦，除非印度停止宣称东巴基斯坦政治谈判必须经过印度同意。

3. 请在来巴基斯坦之前阅读随信附上的叶海亚·汗总统发表的最新全国演讲。

祝您中国之行一帆风顺，希望我们在拉瓦尔品第再见，诚挚地祝福。

7月2日，希拉利把给基辛格的这封信的复印件发给叶海亚总统一份，随信还附上了下面的备注。

昨天晚上，在基辛格开始南亚之行前，我和基辛格见面，简要地告诉他我们希望他到新德里后为我们所做的事情。为确保他不忘记此事，我在他出发前给他寄了随附的信件。

此外，我将于7月6日晚到拉瓦尔品第，基辛格届时也会在此。请您安排7月7日的采访（晚上最好）。基辛格说他非常重视您的意见，希望您提出一些有助于他在北京和中国领导人合作的建议，以及提高他个人信誉的建议。

基辛格的南亚之行按计划如期开始。1971年7月7日，他在新德里和印度总理英迪拉·甘地进行了会谈，双方就全球性问题而非地区性问题交换了意见。"我向英迪拉·甘地说，美国一如既往地反对任何核大国无端的军事挑衅行为，这正是尼克松的信条。"[1]

新德里会谈结束后，基辛格第二天到达伊斯兰堡，他私下告诉巴基斯坦人他所感受到的印度的好战性格。苏尔坦·穆罕默德·汗写下的记录概括了他的观点，这个记录上标有"纳蒂亚加利政府办公处"，日期为"7月9日"。

基辛格谈到他在新德里会谈时感到很难过，印度虎视眈眈、摩拳擦掌，他感觉印度很有可能向巴基斯坦发动战争。美国已经表达了严厉的警告，但印度很有可能置之不理，反而认为现在媒体的敌对态度和美国议员反对巴基斯坦给印度营造了一个很好的机会。

在此情况下，如果中国通过直接声明或重要代表，向印度明确表明立场，声明中国政府支持巴基斯坦领土完整，支持巴基斯坦保卫国家安全，一旦巴基斯坦被入侵中国不会坐视不管的话，那么次大陆的不安定局面就会大为不同。[2]换言之，中国在1971年4月所表达的公开立场，时间把握得正好。

请您把上述信息向总理传达，7月4日，我曾经和您谈过此事。

---

[1] Kissinger (1979), p.736.

[2] Khan (1997), p.268.

而眼下，叶海亚·汗总统的首要任务是安排好基辛格之行。军事秘书在总统办公室专用记录纸上起草了行程安排，并在每一项前打上钩。

7月3日（或4日）

6：00　　　　1. 中国领航员乘坐伊尔飞机到达，可在当天或第二天返回。

　　　　　　2. 中国领航员入住中国使馆。

7月5日

晚间航班　　波音飞机到达查克拉拉空军基地，晚上停在空军
（17：40）　基地。

当天晚上　　1. 会见中国领航员及飞行员。

　　　　　　2. 制定航班代号。

　　　　　　3. 严防航班资料外泄。

7月6日

4：30　　　　1. 波音飞机测试飞行。

（时间？）　2. 当晚携中国领航员及中国代表团返回。

　　　　　　3. 中国驻巴基斯大使迎接代表团及领航员，带他们回大使馆。

7月7日　　　波音客机如何处理？

20：00　　　总统设宴招待中国代表团。

　　　　　　来宾名单——国外宾客及国内宾客。

7月8日

中午　　　基辛格一行10人到达，艾哈默德、苏尔坦、法兰迎接并带他去总统宾馆（哪些人，住哪里？）；名单。

　　　　　空军二号——机组人员？

下午　　　艾哈默德、苏尔坦与基辛格正式会晤。

19:00　　基辛格在总统府会见总统。

20:30　　1. 基辛格留下参加晚宴，其他宾客也来赴宴。

　　　　　2. 晚宴名单。

晚间航班　波音飞机抵达，停在空军基地。

7月9日

3:30　　　乌尔马①带三四辆车去中国使馆接人，护送至空军基地，4:00前登机。

4:00　　　苏尔坦带基辛格乘坐五辆汽车去空军基地，护送登机，介绍双方，返回。

4:30　　　波音飞机起飞。

9:30　　　到达目的地（北京时间12:30）。

7:00　　　基辛格替身及小组离开总统府，前往纳蒂亚加利。

晚上　　　宣布基辛格身体不适。

7月10日　北京停留。

_____

① 古拉姆·乌尔马少将，国家安全委员会秘书（1970—1971）。

7月11日

8：00　　　起飞（北京时间11：00）。

13：00　　（巴基斯坦时间）降落在查克拉拉空军基地，送
　　　　　　基辛格去总统府，午餐或会谈。

17：20　　离开总统府，前往查克拉拉空军基地。媒体发布
　　　　　　消息。

18：00　　起飞，苏尔坦和艾哈默德送行，乌尔马全程
　　　　　　协调。

一切按计划进行，1971年7月8日，基辛格和他的小组离
开新德里，正好在中午之前降落在拉瓦尔品第。《曙光日报》报
道，"基辛格到达机场后，立刻驾车驶往伊斯兰堡与美国大使约瑟
夫·法兰见面并共进午餐，其间与法兰和其他工作人员交谈。基
辛格今天正式宣布，将于后天去纳蒂亚加利休息，但这个休息时
间其实是用于工作，在伊斯兰堡与他会晤的巴方高级官员会与基
辛格在纳蒂亚加利会谈。"

基辛格在登上飞机之前对伊斯兰堡的描述更加权威。他就像
是在舞台中央的主要演员，等待幕布徐徐拉起。他回忆道，"我的
伊斯兰堡之行按排好的剧本一一上演，我们在美国大使法兰的住
所和使馆人员共进午餐，和叶海亚·汗总统开展会谈，在使馆作
了简短的报告，然后又和总统及其他高级官员共同就餐"。

他继续写道："就餐过程中，叶海亚·汗总统开始实施我们
的计划。我突然腹痛难忍，不能继续晚宴，一时间大家议论纷

纷。① 叶海亚·汗总统很大声地宣布说，由于基辛格博士旅行劳
累，身体不适，而伊斯兰堡天气炎热，会影响客人身体复原。他
决定安排我到北边穆里山上的纳蒂亚加利总统别墅去休养，希望
我尽快恢复健康。我也按计划演戏，神态迟疑地表示不同意。叶
海亚·汗总统又马上异常恳切地说，在一个穆斯林国家里，要由
主人的意志而不是由客人的意志来决定。我的特工人员并不知道
这是在演戏，偶然听到总统的安排后，信以为真。他们按照白宫
的规定，派了一个同事连夜赶往纳蒂亚加利，先行去了解情况。
到半夜12点钟左右，这位先行的特工人员打电话回来，报告他已
勘察过纳蒂亚加利的宾馆，认为不宜于居住。我只好要求巴基斯
坦方面把这位倒霉的特工人员扣留在纳蒂亚加利，直到我从北京
回来。"②

　　基辛格从尼克松总统那里收到最后一个信息是在1971年7月
8日，即他去北京的前一天晚上。1969年8月，尼克松总统就有
意想通过叶海亚·汗总统打探中国的态度。时隔两年，此事终于
拉开了序幕。尼克松曾想告诉国务卿威廉·罗杰斯，他的国家安
全事务助理基辛格将代表他访问中国。但到了最后的关头，尼克

---

　　① 7个月后，1972年2月，尼克松访华时基辛格故伎重施。1972年2月23日，周恩来
和尼克松在北京进行第三轮关于联合公报的会谈时，周恩来提议放弃参观长城，完成
会谈。

　　周恩来："我们就联合公报还须进一步商谈，恐怕明天得放弃参观长城而继续工
作了。"

　　尼克松："我看基辛格过于疲劳，不愿意参观长城了。"

　　基辛格："我胃疼。"

　　尼克松："他要是胃疼，媒体就有新闻报道了。"

　　（《会话备忘录》，国家安全档案馆，华盛顿，编号3，1972年2月23日，第41页）

　　② Kissinger (1979), p.739.

松还是选择了保留余地，他告诉罗杰斯，"基辛格在巴期间受到邀请，应邀回访"[①]。

基辛格其实知道罗杰斯的反应，但他不为所动，一切按计划进行。当晚他时睡时醒。第二天，他早早醒来，登上了巴基斯坦国际航空公司的飞机飞往北京。[②] 他的运气看来不错，完美地实现了行程的保密。伦敦《每日电讯报》驻巴基斯坦资深特约记者米尔扎·法鲁格·胡马云·贝格便守候在夜色笼罩的机场，希望能采访到一些独家新闻。贝格曾在多个巴基斯坦驻外使馆担任新闻专员，他的同事都知道他和情报部门有密切联系。他报告说在机场看到了基辛格登上飞往中国的飞机[③]，回去后立即向伦敦《每日电讯报》发出专电。这个报道，本可以让贝格一夜成名，也可能使基辛格的计划全部落空，成为"二战"后最轰动的新闻。但这个报道不知为何未能登报，在巴基斯坦和伦敦的某个地方传递出现了失误。不过，这一切也可能是精心安排好的。[④]

---

① 这已不是罗杰斯在与尼克松和基辛格工作时受到的第一次不公平对待了。1972年2月尼克松总统和毛泽东主席会面时，尼克松故意把他支开，没让他参加毛泽东举行的欢迎仪式。后来，基辛格认为此事"根本没有必要"。[Kissinger (1979), p.1057]

② 此事有不同的罗生门版本。《霍得里奇》(1997)第53页描述基辛格抵达机场时"戴上一顶大檐帽和一副墨镜，弓着身子躲在一辆红色的大众甲壳虫车中"。而苏尔坦·穆罕默德·汗则写到是一辆日产蓝色达特桑，由穆罕默德本人亲自驾驶。[Khan (1997), p.264]

③ 基辛格乘机的停机坪在查克拉拉空军基地，该区不对平民开放，晚上此处也没有灯光。

④ 伊斯科恩认为贝格的上司——伦敦的主编"以为他喝醉了，就当他是酒后胡言了"。[Isaacson (1992), p.344]

第四章　代号: 波罗行动

　　1971年7月9日, 星期五的清晨, 基辛格在查克拉拉空军基地登上了巴航的飞机, 迎接他的是周恩来派来接他的外交使节。他们中职务最高的是中国外交部欧美司司长章文晋[①], 随同人员还有礼宾司的唐龙彬、王海容[②] (她是外交部职位稍低的工作人员, 也是毛泽东的侄女) 和唐闻生。唐是小组里的第二位女士, 基辛格更熟悉她的西方名字——南希·唐[③]。她出生于纽约的布鲁克林, 因而拥有基辛格所不具备的美国本土出生的公民身份。理论上讲她有权代表美国总统。由于这两位女士与毛泽东非常接近, 所以她们的出现具有特殊意义。他们一行人都是两天前飞过来的, 在中国驻伊斯兰堡的大使馆等候这一时刻。

　　基辛格在回忆录中的记述令人震惊——在登机之前, 他从来没有见过任何中国共产党人。[④] 其实见没见过也没有关系, 永不知疲倦的温斯顿·洛德和他的团队为基辛格准备了极其详尽的资

---

　　① 　后任外交部副部长。

　　② 　王海容——毛泽东母亲的侄孙女。[Holdridge (1997), p.54]

　　③ 　毛泽东的翻译。

　　④ 　Kissinger (1979), p.741。显然, 随行特工也是如此。后来, 周恩来告诉希拉利大使, 当基辛格和其随行人员登上巴基斯坦国际航空公司的飞机时, 两位美国特工一看到中国代表就拔出手枪, 俨然美国牛仔一般。(作者与希拉利的访谈, 1999年11月21日)

料。基辛格把这份厚厚的资料给尼克松总统看，尼克松仔细阅读了资料的概要，并在首页写下自己的批示。[1] 他们想到了一个代号：波罗行动，这个名字源于700年前，即1271—1275年到中国元朝旅游的威尼斯旅行者、作家马可·波罗。

苏尔坦·穆罕默德·汗清楚地记得那天早上的情形。"凌晨4:00，基辛格博士和我离开他下榻的房间，带着警卫和助理驾驶两辆车驶往查克拉拉空军基地，保安已被通知等候我们的车，查看了我的证件后，挥手放行。欧马将军和章文晋特使及其他接机人员在飞机上等候已久了。基辛格博士和其他人立刻登上飞机，飞机按计划于4:30准时起飞。[2]

机长是穆罕默德·铁穆尔·贝格，一位资深的飞行员，也是1964年首位自卡拉奇飞至上海航线的飞行员。他得到命令，飞行目的地是北京，而乘机人员是一位不能透露姓名的超级重要人物。飞机起飞后，乘务长告诉他，这位重要人物是基辛格。到达北京时，地面控制中心通知他降落地点并非是北京机场，而是附近的一个军用机场。虽然贝格对这个机场跑道并不熟悉，但还是平稳顺利地完成了降落。

与此同时，约瑟夫·法兰大使和基辛格的助手大卫·海伯把洛德和基辛格的替身开车送往纳蒂亚加利，苏尔坦·穆罕默德·汗在那里迎接他们。基辛格博士的替身进入房间后便闭门不出。当晚，苏尔坦接到紧急报告："我接到报告，说被禁闭在楼

---

① Kissinger (1979), p.734.

② Khan (1997), p.264. 其实开车送基辛格去查克拉拉空军基地的司机是时任国家安全局主任木扎法·马力克。作者对他进行了采访，他回忆说基辛格独自出行，没有安全警卫，乘坐的是一辆红色大众汽车。这证实了约翰·霍得里奇回忆录中关于基辛格乘坐一辆特点鲜明汽车的说法。[Holdridge (1997), p.530]

上的基辛格身体不适，要立刻见我。他说肚子疼得厉害，询问之后，我立刻想到，肯定是因为中午吃饭他吃了太多的芒果。"[1] 接到报告后的苏尔坦立刻派人寻找医生——这位医生必须从未见过基辛格，在检查时无法分辨出基辛格本人和替身。早上的时候医生找到了，替身的身体也无碍了。

根据官方提供的信息，报纸上报道了关于基辛格身体不适的消息。《曙光日报》7月10日的报道是这样写的："基辛格博士继续留在纳蒂亚加利，取消了与叶海亚·汗总统的一轮会谈、对总司令部的访问以及总统为他安排的晚宴。阿布杜·哈米德·汗将军（巴最高军事法官、陆军参谋长）拜访了基辛格，并与他在纳蒂亚加利共进午餐。一份官方文件说基辛格今晚'略有不适'。"报道说留在伊斯兰堡外的豪尔·桑德斯正在与巴方官员进行会谈，探讨巴基斯坦的经济计划和食品供应状况。与会的还有总统经济顾问艾哈默德和传统食品与农业及克什米尔事务总统顾问M. H. 索飞先生。

第二天，"基辛格"身体仍感不适，但仍接见了国防部秘书吉亚斯乌德丁·阿麦德先生。[2] 有传言说基辛格到纳蒂亚加利的真实目的是与穆吉布·拉赫曼的助理卡迈勒·侯赛因见面。[3] 这一传言更混淆了人们的视听，掩盖了事情的真相。

在北京，基辛格度过的7月9—11日无疑是他有生以来最为兴奋的一个周末。他见到了仰慕已久、博学儒雅的周恩来，两人

---

① Khan (1997), pp.264–265.

② 《黎明报》，7月9日、10日。

③ 苏尔坦所指为卡马鲁丁·阿麦德。[Khan (1997), pp.265–266] 连佐勒菲尔卡·阿里·布托都以为卡迈勒·侯赛因和基辛格在纳蒂亚加利秘密商谈孟加拉事宜。[Raza (1997), p.105]

很快从陌生到熟悉。六年后的1977年1月，基辛格有机会向中国首任驻联合国代表黄华和塞拉·万斯（继基辛格之后的美国国务卿）回顾了自己首次访华的经历。黄华曾经在周恩来的安排下，在北京机场迎接基辛格的首次访问。

黄华：时间过得真快，自从上次您的秘密北京之行后，很久没见面了。

万斯：我清楚地记得访问消息传回之后我看到报道的情景。那次访问激动人心，是历史上令人难忘的时刻。

基辛格：那次的中国之行是最令我兴奋的一次回忆。[1]

由于中国没有对外公开周恩来总理与基辛格特使的会谈内容（记录肯定是有的），基辛格的回忆录就是历史学家了解此次北京之行最为详尽的资料来源。基辛格对周恩来佩服不已，这样描述他："周恩来是我见过的'为数不多令我敬佩的'领导人之一。另外两人是戴高乐和毛泽东。周恩来温文尔雅，耐心细致，机敏睿智。谈判时风度翩翩，准确把握中美两国新型关系的核心内涵，扫除了恢复双方邦交关系道路上的一切障碍。"[2]

谈判过程中，基辛格一直担心的问题恐怕就是如何就台湾和台湾海峡问题与中国达成一致。周恩来和基辛格都明确表示这次访问的目的并不是解决台湾问题。这一问题早在"二战"后期就已经遗留至今，待尼克松总统访华时再处理这个问题不迟。双方避开这一话题自由交流，探讨了双方长期以来期盼已久的话题，

---

① Burr (1998).p.482.

② Kissinger (1979), p.745.

对两国及世界都有深远的影响。虽然台湾问题未得到解决，但基辛格认为，"我们的目的是讨论基本原则，以及对全球尤其是亚洲事务的理解，澄清我们双方的目的和立场，增进彼此了解，缓和多年来双方的紧张关系。确切地说，双方并无实际性事务可谈，通过会谈，我们建立了互相往来的信心，周恩来和我尽兴畅谈（总计17个小时），加强了双方的互相理解"①。

7月10日上午，基辛格一行人参观了紫禁城，之后双方在人民大会堂福建厅又进行了一轮会谈（基辛格和其中方助理专家温斯顿·洛德并不知道福建和台湾隔海相望，后来周恩来向他们说明了这一点）②，午餐时分，北京烤鸭的美味把基辛格谈判时的尴尬一扫而光。③ 饭后，周恩来在轻松愉快的氛围中邀请尼克松总统于1972年访问中国，短暂商谈后双方最后确定了访问时间为1972年春天。

晚宴时，周恩来总理向基辛格说有客来访，不得不缺席一会儿。周恩来总理并未说明是哪位客人来访。其实是北朝鲜领导人金日成。周恩来答应说晚上10点钟回来审阅联合公报。10点钟，他准时返回，但把联合公报事宜交给了黄华，他和基辛格则聊起了印度和德国。"他谈了一个观点，说印度1962年侵犯中国，在这种侵犯思想指导下，1971年印度又故伎重施，再次入侵巴基

① Kissinger (1979), pp.745–746.

② 尼克松1972年访华时，周恩来证实了当初他们举行会谈的会议厅是福建厅，"就是1971年与基辛格会谈并吃烤鸭的那个会议厅"。（《会话备忘录》，国家安全档案馆，华盛顿，编号2，1972年2月22日）

③ 霍得里奇写到，周恩来带基辛格和其随行人员到厨房参观北京烤鸭的准备过程。结果厨房空空如也，只有一名解放军人站在那里，看到外国人后"一脸惊讶"。[Holdridge (1997), pp.59–60]

斯坦。"①

联合公报草拟后，双方没有太多的分歧，在很短的时间内就签署了（因为基辛格访华的48小时很快就要结束了）。7月11日，一切按计划进行。午饭后，基辛格一行人乘坐来时的巴基斯坦国际航空公司飞机返程。送行的周恩来本可以引用他之前向另一位宾客送行时所说的话："慢走，但是快回。"②10月，基辛格再次访华。至1975年底，基辛格又对中国进行了七次访问。

7月11日下午3点，基辛格一行人降落在查克拉拉空军基地，古拉姆·欧马将军③早已在那里等候多时。基辛格特意改路从穆里返回，给人一种从纳蒂亚加利回来的假象。基辛格简短地拜访了叶海亚·汗总统，叶海亚·汗总统"像孩子一般大笑不已，为计谋的成功扬扬得意"④。在巴基斯坦短暂停留期间，基辛格在总统府信纸上向周恩来总理写了一封感谢信，全文都用英文大写：

周恩来总理：

谨代表我的同事及我本人向您的热情接待表示感谢。我回国后即刻开始着手（落实我们达成的共识——此句被删掉，由下文

---

① Kissinger (1979), p.751.

② Khan (1997), p.212.

③ 为确保秘密不被泄露，巴基斯坦航空公司机组人员被古拉姆·欧马将军安排到拉瓦尔品第洲际酒店，与外界切断联系，就像他们在北京的三天，被安排到政府招待宾馆一样。贝格回忆中方人员接待他们时热情大方，特意为他们播放一部1962年中印冲突的电影以供消遣。

④ Kissinger (1979), p.755。基辛格还谈到叶海亚·汗总统"沉浸在这个'警察与小偷'一般的紧张气氛中兴奋不已"（第739页）。苏尔坦回忆他从北京回来后，"洋溢着喜悦之情"。叶海亚说他"一身轻松，激动不已"。

替换）来加强两国人民的友好合作。

基辛格

下午 6:00，基辛格登上了飞往德黑兰的专机。飞行途中，他向远在圣克莱蒙特等待基辛格成功访问消息的尼克松总统发了一个单词的密电——Eureka（成功）——以表示任务圆满完成。13日晚，他回到白宫见到了尼克松，用了两个多小时汇报重要的北京之行。

7月15日，美国和中国同时宣布了双方在北京签署的中美联合公报，并宣布周恩来总理代表中华人民共和国政府邀请尼克松总统于1972年5月以前的适当时间访问中国。尼克松总统已愉快地接受了这一邀请。[①]

中美双方约定的尼克松访华时间不超过五天，但实际时间将近八天（1972年2月21日星期一到达北京，1972年2月28日星期一从上海离开）。除北京外，尼克松还访问了上海和杭州，会见了地方官员、媒体代表，讨论了双方愿意讨论的各个话题。[②]

7月17日，基辛格向尼克松总统递交了一份21页的报告[③]，

---

① 1971年6月16日《曙光日报》刊载，记者采访佐勒菲卡尔·阿里·布托时，他说"当然这是一个令人欣慰的必然发展，其结果令人叫好"。

② 美国媒体想做大量报道，自然，基辛格7月的访问之行只允许中国摄影人员在场。基辛格在离开巴基斯坦前向中国的同级伙伴发送了一条消息："根据我国国内要求，我方将公开贵国提供的关于我此次访问的三张照片：（1）周恩来与基辛格（单人）握手。（2）周恩来与基辛格（单人）会谈。（3）中国官员在机场迎接基辛格。请随意向贵国公众公开你们认为合适的任何照片和电视胶片。"基辛格后来在回忆录中重新整理了这些照片。[Kissinger (1979), pp.744–745]

③ 1970—1973年的国务院记录，编号59。感谢华盛顿国家安全档案馆的威廉·伯尔先生向我介绍了这份资料并允许我复印。

详细说明了他的访问、会谈内容和双方所谈的重要话题。在离开伊斯兰堡的两周后①，基辛格向叶海亚·汗写信致谢，感谢他在中美两国交往中所扮演的重要角色。基辛格的信写于1971年7月26日，后来尼克松于8月7日也写了感谢信。这两封信都由亚力山大·黑格转给希拉利，希拉利在信件发送前仔细阅读，然后在信上做了一处微小但是重要的改动。这两封信于8月23日送回到黑格手中，同时附有一张手写纸条："随信附上原始信件和改过的信件。一些改动没有写完（标有点线），以便基辛格博士对我所付出的微不足道的帮助做出评价，因为显然我不能给自己做鉴定。"

下面是基辛格的最后信件：

亲爱的叶海亚·汗总统：

想要感谢的话千言万语，却不知从何处开始。

首先，感谢您在中华人民共和国和我国建立友好关系中所扮演的重要角色。②您积极主动，考虑周全，精心策划，使我和尼克松总统能顺利访问中国，您是一位杰出的总统，您派驻美国的代表希拉利大使在这次行动中表现出色，不愧是一名优秀的外

---

① 基辛格和叶海亚·汗再也没有见过面。基辛格这样记录了他们最后的见面："可能是我参与和见证了叶海亚·汗最后愉悦的日子。同年12月因为印巴战争，叶海亚·汗不再担任总统一职。" [Kissinger (1979), p.739]

② 原文为"您和希拉利做出了重要贡献"，但希拉利划去了他的名字，不愿意把自己——一个大使代表和总统先生放到同一个高度上。他在给黑格的信中写道："在我国，我必须把我的名字划掉，但还是要感谢尼克松和基辛格给了我这么大的荣誉。"（1971年8月23日希拉利写给黑格的信。）

交家。①

您的工作人员在这次行动中办事巧妙，策略得当，迅速有效，精彩地完成了任务。希望您能传达我和总统先生对他们的敬意。感谢所有的参与人员，包括您最亲密的顾问、机长及机组人员。我和我的同事将永远铭记这次历史性的飞行和您热情的接待，在大家的共同努力帮助下，我完成了世界最高山峰的飞越。

总统先生，万分感谢您在整个过程中的领导和安排，我永远记得7月8日我们的那次会谈。你面临着错综复杂的国内事务，可依然坚持帮助我解决了中国之行中的大小难题。我在巴基斯坦虽然停留时间不长，但是愉快至极，您和我的谈话，您巴基斯坦式的热情接待，让我毕生难忘。

您和您的同事做出了不懈的努力，无论是对我的个人经历，还是对美国的对外政策，甚至为世界和平，都做出了卓越贡献。

致以崇高敬意。

真诚的
亨利·A. 基辛格

尼克松总统也给叶海亚·汗亲笔写了一封信，表达他对叶海亚·汗的感谢，这是本书中的最后一封信。

1971年8月7日
亲爱的总统先生：
我已经公开地以官方身份对您表示过感谢，感谢您在美国与

---

① 希拉利建议这样写："您是一位杰出的总统，您的代表希拉利大使……空白处留给基辛格自己填写。

中华人民共和国建交方面做出的贡献。

但我还要通过这封亲笔信告诉您，如果没有您的个人帮助，中国和美国的关系就不会实现历史性的突破。

同时也感谢巴基斯坦驻华盛顿大使以及巴基斯坦工作人员，他们工作快速高效，处理这项敏感棘手的任务考虑周全，有条不紊，请转告我对他们的谢意。

全世界爱好和平的人们都会永远感谢您所做的贡献。

基辛格博士与我一同向您致谢，感谢您在困难时间所付出的努力和承担的角色。

真诚的

理查德·尼克松

中国关于这次历史性事件的记录依然没有对外界公开。读者可能会在不经意的时候从一些报道中对1971年7月9日至11日的这个重要周末发现一些蛛丝马迹。章文晋先生是7月9日乘坐巴基斯坦国际航空公司飞机迎接基辛格的领导之一，他陪同基辛格飞往北京，参加了基辛格在北京的所有重要会谈。有一次他对这次事件进行了回顾。那是15年后，他在1986年5月21日《人民日报》的一篇报道中说道："整个行程安排完美之极，天衣无缝。"①

---

① Khan (1997), p.271.

第五章　后记

　　周恩来和基辛格在北京秘密会谈时说道"天下大乱"。基辛格将这一担忧写到他呈给尼克松的报告中。基辛格的报告比起基辛格自称要写的德国诗集长得多。第二年2月，尼克松与周恩来会晤时，说道："基辛格7月和10月从中国回来，最终写完的手稿超过500页。"

　　"读起来花了不少时间吧？"周恩来问道。

　　"非常有趣，可能你不相信，除了基辛格本人、黑格将军、约翰·霍得里奇和温斯顿·洛德，我的确读完了这长长的报告，500页啊！并且我可以很自信地说，我们为参与此次访问的其他相关人员也提供了关于会谈详尽的记录①，比如国务卿罗杰斯、国务卿助理马沙·格林。因为他们需要这些信息完成任务。②

　　让中国领导人关注的"大乱"是指南亚次大陆的动荡和由此引发的巴基斯坦大选结果。1970年的选举结果非常明确，以

---

　　① 第10次修改版由白宫经总统的国家安全事务助理亚历山大·黑格于1972年1月28日送给国务院秘书长费尔洛德·埃略特，亚历山大·黑格当时任基辛格的助理。感谢威廉·伯尔先生提供此信息。

　　② 《会话备忘录》，国家安全档案馆，华盛顿，编号2，1972年2月22日。

谢赫·穆吉布·拉赫曼为首的人民联盟在国民议会的300个席位中获得了160席，一跃成为议会中的多数党。对此结果，叶海亚·汗不予承认，他本寄希望于悬浮议会，继续担任巴基斯坦总统。佐勒菲卡尔·阿里·布托领导的人民党在选举中获得81票，占总席位的26%，虽然表示不会成为反对党，但对大选结果强烈反对。佐勒菲卡尔·阿里·布托持有的向心力观点成为人民党的政策。四年前的1966年，他没有从阿尤布·汗的内阁退出，仅是为了竭力维持在错误政权中的政治生涯。

叶海亚·汗身为巴基斯坦国家总统，面对国内政坛上泾渭分明的两派，却也束手无策。以谢赫·穆吉布·拉赫曼为首的人民联盟虽然获得了160个席位，可其势力都集中在东巴基斯坦。佐勒菲卡尔·阿里·布托领导的人民党和其他的西巴基斯坦政党（42个）及独立政党（15个）在东巴基斯坦没有势力，但在西巴基斯坦有着不可估量的势力。巴基斯坦面临的问题并不是哪个政党上台领导国家，哪个政党反对，更不是以后的政治中心到底是设在卡拉奇还是伊斯兰堡或是达卡。巴基斯坦面临的当务之急在于有什么方法可以领导东巴和西巴，解决自1947年8月以来巴基斯坦就面临的国家分裂危机。很少有政客在辩论时涉及这一话题及其必然的后果。在这一问题上，他们宁愿选择花言巧语的掩饰，而不是任何的实际行为。东巴人民失望至极，呼声越来越强，最终巴基斯坦内战爆发，以谢赫·穆吉布·拉赫曼为首的人民联盟和叶海亚·汗政府宣布对立。巴基斯坦东西不合，分歧严重，虽然东巴和西巴名义上有着相同的名字，但在印度的影响下，其实已经长期地一分为二。但叶海亚·汗依然希望维护国家的统一，他（在佐勒菲卡尔·阿里·布托的鼓励和默认下）开始了对东巴的军事行动。

战争异常残酷，无数的人流离失所，难民们纷纷涌向邻国和已经拥挤不堪的印度孟加拉邦。1971年4月，难民多达119000人；到4月底，难民人数激增到50万；到5月21日，这一数字更是惊人地达到了340万。[①] 英迪拉·甘地在国际上宣称难民人数为1000万。[②] 这一数字足以促使她在必要的情况下下令发动军事行动，遣返他们回乡。一些从东巴叛逃的军官和士兵，在印度军队的支持下，成立了"自由战士游击队"。了解英迪拉·甘地的人知道，印度和巴基斯坦早在1947年就彼此结怨，这次支持叛军，其目的是解放东巴，使其成为主权独立的国家，这是不可避免的。现在尚不明确的问题是何时开战、哪一方支持哪一方以及西巴的最终命运。

1971年夏天，这些问题在国际层面上被频繁提及。一方是关系紧密的印度和苏联，一方是巴基斯坦、中国和美国的松散组合。

白宫的尼克松和基辛格竭尽全力想在其能力范围内，为巴基斯坦提供支持而且也确实这样做了，即便在某些时候他俩的个人意见和美国政府的官方意见存在着分歧，但他们在处理国际事务时小心谨慎，对于次大陆这一问题，尽量在公开场合与美国政府的政策保持一致，即不偏袒任何一方，保持中立。当初，基辛格计划访问伊斯兰堡，并以此为掩护，完成北京秘密访问的时候，他就已经仔细考虑在巴基斯坦停留的时间不能超过在印度停留的时间。尼克松态度上对巴基斯坦的倾斜被解读为其个人和巴基斯坦关系过于亲密。如果这个态度上的倾斜让巴基斯坦的叶海

---

① Sisson and Rose (1990), p.295.

② Nixon (1978), p.525.

亚·汗总统欣慰的话，那么同样的态度让印度的英迪拉·甘地对尼克松极为不满。在飞往巴基斯坦前，基辛格曾在新德里访问，印度明确地表达了它的立场。基辛格与英迪拉·甘地及政府领导人会谈时，基辛格对她分裂巴基斯坦的军国主义思想和坚决执行的意图，已经确定无疑。

基辛格在离开新德里的几个小时后，试图向叶海亚·汗和他的顾问提醒巴基斯坦面临的东西危机。"我催促他综合考虑，想出解决办法，鼓励难民重返家园，避免给印度开战的理由。我还建议叶海亚·汗和他的同事们采取进一步行动，通过国际社会，让联合国监督救济物资分发。我也提议尽早委派东巴基斯坦省督。"

叶海亚·汗的回应表面上令人欣慰，但基辛格认为叶海亚·汗在此事件中更像个听话的小角色，而不是掌握局势的长官。"他像一个虚张声势、缺乏远见的耿直士兵，面临此次东巴骚乱事件，显得经验不足、准备不足，铸成了大错。"①

在基辛格访问中国的三个月前，巴基斯坦外事秘书苏尔坦·穆罕默德·汗就东巴基斯坦问题曾和周恩来有过重要会谈。1971年4月，在古尔·侯赛因·汗②中将的陪同下，他去北京和周恩来进行了私下会晤。当时巴基斯坦大使 K. M. 凯瑟并不在场。因为周恩来知道凯瑟来自东巴基斯坦，他若出席会议的话，气氛会很尴尬。

苏尔坦·穆罕默德·汗先做了讲话，传达了巴基斯坦总统和人民的失望情绪。他们一直认为中国是"可靠的朋友"，但在这件事上"毫无动静"。他们本来期望中国"毫无条件地支持巴基

---

① Kissinger (1979), p.739.

② 1968年12月至1971年12月，任巴基斯坦军队总参谋长。

斯坦统一——……正式明确地表达中国立场"①。

周恩来认真听完他的讲话，做了回答：形势刚开始时很有利，但3月25日在东巴进行的军事行动却把事情搞糟了。周恩来比苏尔坦·穆罕默德·汗更加了解东巴局势的严重性，尤其是冲突带来的残忍血腥和种族屠杀。他向叶海亚·汗表达了自己的建议："如果要减少矛盾，那么巴基斯坦军队中的官兵应既有东巴军人又有西巴军人。国内急需政治手段来解决问题，并逐步减少军方对政府的影响。"

事实上具有讽刺意味的是，中国正被要求与一个军事独裁者携手合作，共同对付一个经人民民主选举产生的政党（人民联盟）。周恩来和苏尔坦并未说破这一点。周总理再度重申了中国支持巴基斯坦国家统一，并在《人民日报》上用适当方式公开宣布。另外，中国还会给予实际援助，向巴基斯坦军队提供两个师的军事装备。苏尔坦·穆罕默德·汗离开北京时对中国明确的立场更加清楚了。"无论是现在，还是以后，中国绝不会派遣武装部队，进入巴基斯坦进行军事援助。"②

周恩来告诉苏尔坦，中国从来不会盲目行动，历来三思而后行。中国一旦行动，则必定攥起拳头，给敌人致命一击（周恩来最喜欢用的比喻）。因此，当周恩来总理和基辛格7月在北京见面后，周总理明确地表达了对次大陆的态度，坦白直率，有时甚至言辞犀利。下面是基辛格写给尼克松关于中国之行的报告，里面记载了周恩来对次大陆事件的态度。

---

① Khan (1997), pp.303–304.

② Khan (1997), pp.307–308.

周恩来把南亚次大陆描述为"天下大乱"的主要地区。这是因为多年前在尼赫鲁执政期间，印度就采取扩张政策，不仅对巴基斯坦发动战争，而且把战火引向中国。

周恩来详细说明了中国和印度两国关系恶化的历史过程。双方关系恶化始于1959年的边境之争。中国在新疆和西藏地区修建了一条公路，但印度声称这条公路所在地区属于印度领土。如果真是这样，那么印度怎么可能不知道中国在印度境内修建公路，直到完工才知道？

随后印度袭击了这一区域的中国军事哨所。因为中国哨所所在地处于高处且防御牢固，因此印度在袭击过程中损失惨重。国际上（包括赫鲁晓夫）[①]认为在这次冲突中，印度伤亡惨重，肯定是中国先发动的进攻，后来印度在其他边境地区发动了数起袭击事件。1962年，双方爆发了最为严重的军事冲突。

周恩来讲了下述几点：

印度对现在的东巴基斯坦混乱局势负有责任。印度支持孟加拉国独立，并允许其在印度设立行动总部。

为了进行军事扩张，印度四处寻求军事援助，比如苏联。中国将不会给印度任何军事援助。其他任何国家对印度的军事援助都要考虑其带来的严重后果。

在当前的危机中，中国和巴基斯坦共渡难关。这一立场始于第一天晚宴上的一个低调说法，即中国"不得不对这一局面产生兴趣"，最终发展成宴会结束时要求我转达中国对叶海亚·汗总统的坚定支持。

我告诉周恩来我们正想尽一切办法，努力化解印巴战争。我

---

① 尼基塔·谢·赫鲁晓夫，1958—1964年担任苏联总理，1971年去世。

向他保证说，我们将动用一切影响力来阻止战争继续扩大。周恩来说这是好事，但他推测可能美国方面给予不了太多的帮助，因为美国和巴基斯坦相隔万里，而中国却近得多。周恩来回顾了1962年中国打败印度的历史，并明确地暗示，这类情况可能还会再现。

中国对印度的强硬态度日益明显，相反，中巴友谊却越来越牢不可破。从中可以看出周恩来想要告诉外界，与中国交友并信守承诺的国家，定会受到中国的礼待。[①]

（一年后，基辛格和黄华大使会谈时对这一特点又加以评论："这是我第一次了解中国式的外交风格。正如我公开所讲，中国人信守承诺，是一位可靠的朋友。"[②] 周恩来在另一个场合下更加简洁地说道："周恩来从不食言。"[③] ）

周恩来和基辛格会谈后不到五天，1971年7月14日，周恩来通过中国驻巴基斯坦大使向叶海亚·汗传达了一个消息，总统府的手抄记录这样记载：

1971年7月14日，中国驻巴基斯坦大使口述：

周恩来总理让我转达毛泽东主席对基辛格的敬意和周恩来总理对叶海亚·汗总统的感谢。

会谈有进展。会谈内容随后上报。

周恩来向基辛格表示：如果印度入侵巴基斯坦，中国绝不会

---

① 《基辛格呈总统备忘录》，1971年7月17日，第17—18页。（国务院档案馆，档案分类59，1970—1973）

② Burr (1998), p.482.

③ Khan (1997), p.243.

坐视不管。希望美国能运用自己的影响力劝说印度政府，巴基斯坦不愿激怒印度……（字迹模糊）然而，如果印度一意孤行，那么肯定会自食恶果。[1]

基辛格说新德里之行后，他得到这样的印象：印度有可能向巴基斯坦发动战争，美国对此非常失望。如果双方爆发军事冲突，美国会公开强烈反对。

这些话语令人鼓舞，但叶海亚·汗和他的军队需要的是武器和补给。7月30日，希拉利大使给叶海亚·汗总统写信如下：

1. 昨天尼克松总统分别会见了我和法兰大使。法兰大使先与尼克松会谈，随后他告诉我他与尼克松探讨了东巴基斯坦（问题）。法兰补充说他返回伊斯兰堡后会与您见面详谈。

2. 我于7月30日向外交秘书发送了C-611密电，内容包含尼克松与我谈论的东巴基斯坦问题，相信您已经阅读。下面的内容并未写在密电中，因为尼克松总统希望我以更安全的方式向您转达。他非常关注您在东巴基斯坦事件中的困境。他再三强调，希望通过美国社会、媒体和国会，尽可能地提供帮助。不过由于军队暴行的夸张报道和进入印度的大量难民，他将竭力争取国会的支持，避免国会对巴基斯坦实行军事禁运和经济援助禁运。他同时向一些友好政府发送了信息，请求他们不要屈从于社会舆论或媒体的压力。美国驻联合国代表被告知应在最大程度上与巴基斯坦合作。虽然顶着美国国会和媒体的压力，但他衷心希望能够给予巴基斯坦更多帮助。从这一点看，您接受国际援助，帮助难

---

[1]　Khan (1997), p.269.

民重返东巴基斯坦是正确之举。他非常高兴您能邀请（指您与内维尔·马克斯韦尔的会谈）联合国观察员到两国边境地区考察实际情况，而印度方面却拒绝观察员的考察。尼克松总统与重要的国会议员进行讨论时，您的提议令他们印象深刻。结果，美国公众开始注意到了印度顽固强硬的态度。

3. 尼克松总统对您在中美关系正常化的过程中做出的贡献和提出的建议表示衷心的感谢。面对重重困难，您对这一国际重要事件高度保密，通力协作，表现出了您和您的下属高超的处理事务风范（此处他对我在此事中的表现也予以赞扬）。您帮助的不仅仅是美国，而且对国际社会以及世界的和平发展做出了杰出贡献。在您的帮助下，中美两国终于走上了友好交流之路。基辛格认为您的建议对于如何与中国领导人会谈有极大的帮助。基辛格通过他自己与您以及您的政府官员的接触，发现中国人民对您评价极高，他（尼克松）对此并不觉得意外。

后来，印度的外交攻势开始收缩，不再与巴基斯坦进行外交活动。1971年8月9日，印度和苏联签署了《20年和平友好发展条约》。恰恰在三个月前，周恩来曾提醒苏尔坦·穆罕默德·汗，苏联将竭尽所能，加剧局势恶化。"他们毫无原则，随着外交需求而变幻不定。1966年1月塔什干会议上他们要保持巴基斯坦的完整，现在又企图分裂巴基斯坦。"[①] 基辛格推测苏联是在利用巴基斯坦的困难时期和中国对巴基斯坦的公开支持，"惩罚巴基斯坦，

---

① Khan (1997), p.307.

羞辱中国充当事件的调解人"。^①

1971年10月20—26日，基辛格和周恩来在北京再度会面。基辛格发现周恩来"更加谨慎，不像第一次会面时那么热情洋溢"。基辛格向尼克松报告说：

> 周恩来一开始谈到了局势非常严峻，他询问我们的看法。
>
> 我说了以下几点：
>
> 1. 印度起初抱怨大量难民由东巴基斯坦进入印度，给印度带来政治、经济上的负担。我们动用了一半的对外援助资金，为巴基斯坦难民提供近两亿美元来解决这一问题。
>
> 2. 但印度有可能利用此次危机不仅把战火引向东巴基斯坦，而且整个巴基斯坦都可能会受影响。显然，印度的策略可能是通过突然改变东巴基斯坦局势来改变西巴基斯坦政治结构。
>
> 3. 我列举了美国对巴基斯坦的一些政策和已采取的支持措施，涉及联盟、减免债务及其他双边事宜。我强调我国强烈反对印度的军事行动，要求苏联保持克制，苏联和印度虽然都声称努力平息事态，但我们不确定他们所言是否属实。
>
> 4. 我们认为不久的将来印巴将会有对峙的危险。
>
> 最后，我提议双方在边境地区停战撤军，叶海亚·汗做出一些政治让步，以减少树敌，更容易获得联合国和其他国家的支持。
>
> 周恩来对我表示感谢，说第二天再详谈。他评论说英迪

---

① Kissinger (1979), p.767。基辛格写道："在与周恩来会谈时，他再三感到中国人民对苏联的不满之情。中国人民对苏联关注密切，对一些苏联领导人滥用国家权力很鄙视。"[《基辛格呈总统备忘录》，1971年10月29日，第7页。(国务院档案馆，档案分类59，1970—1973)]

拉·甘地已经说服了铁托，再加上苏联的支持，这可能让印度更加有恃无恐。

我接着说我们没有国家利益牵扯进东巴问题，我们只希望那里的政治局势反映人民意愿。我们对印度提了很多建议，希望他们不要提前左右未来，将难民问题与政治变革相联系。然而印方对此并未做出反应。

周恩来评论说苏联故意搅乱当前局势，加深南亚地区的矛盾，从而使自己从乱局中脱身。周恩来说苏联的这个想法是"愚蠢的想法"。

不过周恩来没有再回到这个话题上。可能是因为我们交谈的范围太广泛、时间不够所致。不过在日后的会谈中，我们还是可以再和周恩来就南亚问题做进一步的交流，只要他真的想再谈。

中国显然会一直支持巴基斯坦，但是我相信中国人民解放军不想卷入这场冲突，以免会给莫斯科进攻的理由，从而使自己处于尴尬境地。

周恩来从我的讲话中能明白我们在印度有诸多利益，以致不能明确表态站在哪一方，但是，面对双方共同的朋友——巴基斯坦时，他明确表示，绝不会与我们的立场背道而驰。[1]

基辛格用一封电报简短有力地总结了他和周恩来就这次棘手问题的会谈。

关于南亚，中国和我们一样，不想卷入纷争。中国对事态危

[1] 《基辛格呈总统备忘录》，1971年11月11日，第26—27页。（国务院档案馆，档案分类59，1970—1973）

险的认识要比7月的认识深刻得多。周恩来重申了对巴基斯坦的
支持和对印度的反对。我也表明我们预料到了印度的阴谋诡计。
美国正在给巴基斯坦多方面的援助，但我们在此次纠纷中应保持
中立的地位。[①]

中国对印度的好战本性没有好感。1971年11月，尼克松与英
迪拉·甘地在华盛顿会晤时，两位领导人彼此水火不容，毫不掩
饰对对方的不满。

尼克松回忆起他遇到的世界领导人时评论说："所有的领导
人中，尼赫鲁无疑是最聪明的，但他狂妄自大，自以为是，处处
显得自己高人一等，而且从不掩饰。"[②] 1953年，尼克松和英迪
拉·甘地见面时还觉得她"魅力四射，优雅得体"。但去年，我
以总统身份会见身为总理的英迪拉·甘地时，她完全是她父亲的
翻版，在巴基斯坦问题上甚至比她父亲还有敌意。[③]

1972年，尼克松与周恩来谈话时也提到了英迪拉·甘地，说
她继承了她父亲的血统。周恩来评论时说"很遗憾，她父亲在
《印度的发现》这本书中的思想完全体现在了她身上"。周恩来问
尼克松是否看过这本书，凭直觉，基辛格可以判断尼克松总统并
未看过，他接过话题说道："他想建立印度帝国？"周恩来回答说：
"不错，他想建立大印度帝国——包括马来西亚、斯里兰卡等，
很有可能还包括中国西藏。写书时他正被关押在大吉岭的英国监
狱里。他自己曾告诉我说监狱在喜马拉雅山对面的锡金。当时我

---

① 《基辛格呈总统备忘录》，1971年10月29日，第5页。（国务院档案馆，档案分类
59，1970—1973）

② Nixon (1978), p.271.

③ Nixon (1978), p.273.

并未看过这本书，但我的同事陈毅[1]看过，在他的推荐下，我才开始了解这本书。陈毅说这本书生动地描述了印度精神，读完之后，我也有同感。"[2]

1971年11月4—5日，尼克松和英迪拉·甘地在白宫进行了为期两天的会谈。如果当初会议安排再减短的话，双方可能就都不会有抱怨了。

双方会谈时明显谈不到一起。尼克松回忆说，此次会议客套话比实在话多。英迪拉·甘地称赞尼克松："在越南战争中一路凯歌，在中美关系中做出了巨大突破，勇气可嘉。"尼克松转移话题，提醒她注意东巴基斯坦的"不稳定局势"以及印度应努力保持战争势态不进一步扩大的重要性。英迪拉·甘地却模糊不定地说，印度不会受反巴基斯坦思想的鼓动，"印度从不希望巴基斯坦国家受损，也不希望巴基斯坦四分五裂。印度希望巴基斯坦领土完整，稳定发展。我们会不惜一切代价平复动荡不安的局面"[3]。

基辛格进一步描述了两人的会谈，称之为"两个聋子的经典对话"。英迪拉·甘地对尼克松在越南战事和中国关系方面的赞扬就像"一个教授表扬学习有些退步的学生"[4]。根据基辛格的描述，尼克松觉得她故意摆谱，虚情假意。她听着尼克松的讲话，"半天不说一句话，谈话气氛极为僵硬，根本进行不了实质的会谈"[5]。

当她终于开口讲话时，话语中依然体现着对巴基斯坦的建国

---

① 陈毅元帅，国务院副总理，曾担任外交部长。

② 《会话备忘录》，国务院档案馆，华盛顿，编号3，1972年2月23日，第10页。

③ Nixon (1978), p.525.

④ Kissinger (1979), p.878.

⑤ Jayakar (1995), p.233.

透露着淡淡的敌意，即便巴基斯坦已经摆脱印度和英国政府的控制二十多年了。

她声称，她父亲被指责接受了印巴分治方案。这种指责多少有些道理。印度的独立是本国独立运动的结果，而巴基斯坦独立则是在英国合作者的支持下成功的。而他们一旦独立后，那些为自由独立而战的勇士们便纷纷被捕入狱。[1]巴基斯坦的建国基础不稳，而且建立在对印度仇视的基础上，这种仇恨随着每一届新总统的上任愈演愈深。东巴基斯坦的局面就是整个巴基斯坦的发展趋势。无论是俾路支，还是西北边境地区，都不被认为是巴基斯坦领土，都想独立。他们自始至终就不应成为解决方案的一部分。[2]

会谈的第二天，尼克松有意让英迪拉·甘地等候了45分钟才接见她。会谈结果可想而知，她高谈阔论，但对巴基斯坦局势和解决方法只字不提。

1971年11月22日，印度开始对东巴发起了全面进攻。英迪拉·甘地11月24日承认，三天前印度军队穿过了国际边境。12月2日，巴基斯坦启用了1959年和美国签署的双边协议。绝望之际的叶海亚·汗在西线发动了进攻。基辛格对叶海亚·汗非常了解，他向尼克松报告说"他的决定基于简单的军人思想，他认为，如果巴基斯坦注定要在战争中败北，那也应该决一死战"[3]。

---

[1] 英迪拉·甘地指的是巴基斯坦红衫党的领导人 Khan Abdul Ghaffar Khan（1890—1988），印度人称其为"边境甘地"。

[2] Kissinger (1979), p.881.

[3] Kissinger (1979), p.896.

这样一个重要的决定，正如这场战争一样，已经不受叶海亚·汗双手的控制。那些有意保持次大陆平衡的国家在7月和10月于北京秘密商谈过，现在又在中央情报局的秘密安排下，在位于纽约东区的一处安全地点举行了秘密会议。会议于1971年10月10日星期五晚间举行，基辛格和黄华分析了当前局势，会谈记录如下：

基辛格：如果要保障西巴不被战事摧毁，必须要做两件事——对印度进行最大的威胁，甚至有必要对苏联进行威胁，其次，施加压力逼迫双方停火。

目前，我们掌握了——我必须向你说明——我们根据情报部门的报导，英迪拉·甘地曾经告诉内阁要摧毁巴基斯坦空军力量，占领克什米尔部分地区、自由克什米尔地区，然后才同意停战。我们要阻止印度，因此邀请大使您来会谈。

另外，昨晚代理国务卿召见了印度驻美大使L. K. 贾（国务卿本人在欧洲），要求他保证印度无意也不会吞并任何领土。我们此举是为其他行动寻求合理依据。这是我们的现状。

黄华大使：非常感谢基辛格博士提供的关于印巴次大陆的详细情况。我们一定会将这些信息上报给周恩来总理。

中国政府对此事的立场早已不是秘密，一切都已经被世界所知。我们在联合国的立场和我们政府的立场始终保持一致。无论是在安理会上还是在联合国全体大会上，我们都支持包括双方停火撤军在内的决议草案。虽然我们对这个解决方案并不满意，但我们考虑到决议草案得到了安理会的支持，尤其是我们在全体大会上投的赞同票，代表了绝大多数中小国家的意愿。[①]

基辛格认真听了黄华大使关于中国政府立场的讲话。其实他对中国政府立场的声明已经听过多次了。之后，他坦率地表达了自己的意见。

大使先生，我们同意您对当前形势的分析。印度次大陆的战况对所有人都有着巨大的影响。这次战争不仅仅是对中国的威胁，更是对全世界的威胁。我国与英国没有任何秘密协议，我们邀请您来会谈，目的是使双方意见达成一致，我们都知道巴基斯坦受此劫难是因为与中国结交，与美国为友。

虽然我们赞同您的理论，但我们所面临的问题急需解决。我对中国人民革命史的了解远不如您，我从贵国学到的一个宝贵经验是无论情形如何，贵国的革命运动都能保持其精华所在。一篇关于重庆谈判的文章讲得很清楚，该谈判时就谈判，该打仗时就打仗。

我们想保留在西巴的军队，这样如果情况有变的话，我们可以随时准备作战。我们也准备向印度施加最大压力，从而抑制印度。您每天都在关注《纽约时报》，也知道我们的援助行动和军舰调动并不是广受支持，我说得比较委婉。这些行为会遭到我们政敌的强烈反对。

我们继续对印度在经济、政治上施加压力，没有兴趣在东巴、西巴领导人之间开展政治谈判。我们唯一希望的是，让苏联保证巴基斯坦的完整统一。我们对孟加拉国与巴基斯坦之间的协

---

① Burr (1998), p.52.

议没有兴趣。

我们也做好准备,接受双方即刻停火,我们支持贵国在联合国的立场,我的大多数同事也很高兴能这样做,然后结果便是巴基斯坦的沦陷。

如果我们按贵国的方案,停止交战,撤回军队,静候其变,那么巴基斯坦肯定会战败。很多美国人也希望看到这一幕。如果贵国和巴基斯坦都希望如此,那么我们也同意。我们毫无异议,对我们而言,这样做轻而易举。

所以我们会……我们完全同意您的分析。本来是一场纷争,但由于各种原因,纷争已经变成了战争,我们正在寻求实际方法,解决问题。我们绝不会和任何向巴基斯坦强行施加主张的国家合作。我们反对印度,并坚持这一立场。但是,我们现在面临这一问题。很遗憾,我们认为,两周内巴基斯坦的军队在西线会被击溃,正如在东巴被击溃一样。我们要是在这一点上判断错了,那我们其他的判断都是错的。[1]

12月15日,在纽约会谈后的第三天,东巴基斯坦提议停火。在这五天的干涉期内,美国调集多方力量对印度施加压力,确保西巴基斯坦残留地区不受彻底破坏。这片地区比国父穆罕默德·阿里·真纳设想得还要小。

"第二天,英迪拉·甘地提议在西区无条件停火。"基辛格在回忆录中写道,"毫无疑问,印度是迫于苏联的压力这样做的,而美国在其中功不可没。美国不断施压,包括调动舰队和启动风险峰会,这个办法非常有效,甚至在四个月后对越南发动轰炸时也

---

[1]　Burr (1998), pp.54–55.

被采用。如周恩来所判断的，他后来向佐勒菲卡尔·阿里·布托说，是我们挽救了西巴，危机结束了"[1]。

1972年2月，周恩来和基辛格进行了相隔不到一年的第三次会晤。两人就这场严峻的考验交换了意见，统一行动。虽然两人政治思想各不相同，但在利益共同点上，想法一致。这次，基辛格充当了副手，陪同尼克松到中国进行了正式的国家首脑访问。第一次到中国访问的尼克松等候这一天已经很久了。尼克松总统在北京与周恩来会晤时阐述了美国对印巴次大陆的立场："我强调我国的政策不是反印度，而是促进和平，我和您对印度的看法一致，都致力于和平发展。次大陆的每个国家有权生存和发展。这一权利应被认可，并给予保护。如果任由一个国家吞并另一个国家，那么我们所在的这个世界就没有什么安全可言了。我们要求所有国家都做到这一点，当然包括我们自己。"

周恩来对此回复道："如果是当地人民自发起义，建立新政府，是一回事。外国军队入侵他国，则是另一回事了。这种行径，不可容忍。这是重要的原则。"[2]

尼克松又谈了对印度的态度（人们都知道他对巴基斯坦倾斜的态度）。"我国政府对印度的决定就是我对印度的决定。我们承认曾犯过两个错误，第一个就是没有给巴基斯坦足够的军备支持，使之无法与印度军队抗衡，对此我也无能为力。第二，我误听了我的顾问的话，在会见英迪拉·甘地时本应严厉地警告她，但我没有，我仅仅是温和地劝说她。在印度问题上，我是个强硬派，我必须承认基辛格和我站在同一立场上，我们都同意上述

---

[1] Kissinger (1979), p.913.

[2] 《会话备忘录》，国家安全档案馆，华盛顿，编号3，1972年2月23日，第11页。

政策。"①

第三轮会谈主要以南亚问题为主。周恩来说到了可能出现的不协调问题，如印度单边撤军至本国境内，正如1962年那样（不要指望别人信赖你，你要有所行动，证明自己）。联合国撤军方案实施后，他准备承认孟加拉国（"我们很有可能会承认孟加拉国的独立，但会是最后一个承认的国家"）。他认为克什米尔地区是"英国刻意遗留下来的问题"，让印度以为停火撤军就可以解决这一地区问题。他把印度的民族问题与美国的民族问题相比较："我们认为，即使次大陆是一个完整的国家，混乱也会持续不断。因为印度民族问题比你们国家还要复杂，而且现在情况愈演愈烈。如果印度接管次大陆，麻烦只能越来越多。"②

尼克松和周恩来对英迪拉·甘地的评价都不高。周恩来有一次向苏尔坦·穆罕默德·汗谈到他不明白为何一个泱泱大国的国家总理，"唯唯诺诺"，居然没有时间去访问比她的国家还要大的邻国。③周恩来也向尼克松说道："甚至在印度巴基斯坦冲突之前，我们都在考虑派大使重返印度。我们想改进中国与印度的关系。印度政府也表达了相同的意愿。英迪拉·甘地也宣布了这一消息。"

尼克松说："在新德里和华盛顿时，她也向我提到这件事。但她还提到了其他事（总理笑了起来）。她说她不反对我和周恩来总理及中国政府的见面会谈，于她无妨。"

"于她无妨？谁想妨碍她呢？"周恩来说。④

① 《会话备忘录》，国家安全档案馆，华盛顿，编号3，1972年2月23日，第22页。
② 《会话备忘录》，国家安全档案馆，华盛顿，编号3，1972年2月23日，第6页。
③ Khan (1997), p.177.
④ 《会话备忘录》，国家安全档案馆，华盛顿，编号4，1972年2月24日，第29页。

会谈结束后，正当尼克松和他的夫人帕特在上海登机时，尼克松"用较为轻松的语气"谈到英迪拉·甘地对尼克松总统访华一事向媒体发表评论。周恩来回答说："这没什么大不了的，我们不必太认真。"

基辛格插话说："没错，但是……"

周恩来最后又讲道："虽然她是一个大国领袖，但这个做法却非君子之为。"①

如果说周恩来和尼克松对英迪拉·甘地的评价都不怎么高，那么他们两人对牵线搭桥的叶海亚·汗总统却都给予一致的高度评价。周恩来评论他时说："他有雄心大志，但不懂得如何领导军队，如何率兵打仗。这就说明为何巴基斯坦一些年轻的将领对他心存不满，这情有可原，但也有人对他称赞有加，我同意这种评论。"

尼克松表示同意，说："正如基辛格与总理会谈时所说的，'没有人会烧毁有用的桥梁'。"

周恩来回答说："不错，在中国，我们正好有句成语——不要过河拆桥。"

在这次会谈中，基辛格向周恩来提到"尼克松向佐勒菲卡尔·阿里·布托表示，希望叶海亚·汗退休后得到善待，我们并不求得什么回报。这是总统先生个人的意见"。

周恩来笑了笑，简短地回答说："佐勒菲卡尔·阿里·布托说会照顾好他，保护好他的。如果他做不到的话，别的将军就会好好招待他（叶海亚·汗）了。"②周恩来、基辛格和尼克松对叶海

---

① 《会话备忘录》，国家安全档案馆，华盛顿，编号7，1972年2月28日，第11页。

② 《会话备忘录》，国家安全档案馆，华盛顿，编号3，1972年2月23日，第7—8页。

亚都心存感激，因为他毫不考虑个人得失，在中美领导人之间充当桥梁，将两国领导人的设想付诸行动，并成为现实。

双方的外交访问需要最高级别的保密，这样做会使双方陷入一个两难的局面，陷入极度危险的道德困境，正如前联合国秘书长达格·亚尔马·昂内·卡尔·哈马舍尔德[①]曾经写的那样："我们为了让真相大白于天下，而去掩盖真相。"[②]

为了确保成功，他们不得不用非常手段，甚至不得不用一些诡计。正如19世纪奥地利外交大臣克莱门斯·梅特涅所言，"每个人都能为自己的破格找到理由。正因为信念坚定，所以才手段灵活"。这句话引自1954年哈佛大学的一篇博士论文，论文研究了梅特涅和英国外相卡雷尔斯勋爵，论文的作者正是亨利·A.基辛格。[③]

然而，虽然基辛格费尽心机保守机密，但对1971年7月的秘密访华之行，知情的并不仅仅局限于尼克松、基辛格和信守不渝的中间人。基辛格在建立卡拉奇海军秘密渠道时，国防部长马尔文·莱德和海军上将艾默·R.祖瓦特就收到了接力传递的密电。[④]

此外，五角大楼秘密派遣海军秘书查理斯·雷特福德协助基辛格做速记工作，命令他获取机密文件后扫描并传至五角大楼总部。[⑤]其中一份机密文件是雷特福德从基辛格的手提箱里获得的，

---

① 1953—1961年任联合国秘书长。1961年死后被授予诺贝尔和平奖。

② 这段文字引自1979年出版的《基辛格》（第763页），是基辛格的演讲撰稿人威廉·萨费尔送他的。

③ Isaacson (1993), p.77.

④ Isaacson (1993), p.201.

⑤ Isaacson (1993), p.298.

内容就是基辛格于1971年7月和周恩来的首次秘密会晤记录。[①]
这份文件也被复制并传往五角大楼。

　　如此高规格的一份文件居然被私自复制并传送，也许是有人故意让它以这样的方式传送，它时刻提醒人们秘密渠道的神秘性。20世纪美国外交史上最为重要的一份文件，就是以这样的方式从美国人经美国人传到美国人手里的。

---

① Nixon (1978), pp.531–532.

附录A

绝密档案，1969 年 10 月 10 日，星期五，白宫，谢尔·阿里·汗将军与基辛格的对话记录

谢尔·阿里·汗将军说叶海亚·汗总统让他转告基辛格先生，叶海亚·汗总统愿意在中美交流过程中鼎力相助，但他想知道以什么方式与中国高层谈论此事。叶海亚·汗总统当然知道美国希望中美两国关系正常化，但很明显，对中国人而言，这需要一定时间，美国民众也需要慢慢接受这一变化。将军补充说，中国也想了解美国会做出哪些具体行动。

基辛格先生说他同意叶海亚·汗总统的观点，应该向叶海亚·汗总统透露一些具体安排。基辛格会告诉我们有关会谈的主要大纲，在此基础上我们与中方进行商谈，但是，他有可能会对此做更多的考虑，并且过几天与希拉利大使商谈结果（很显然他还要先和尼克松总统商谈）。不管怎样周恩来在 1 月前无法来巴基斯坦进行访问。

基辛格又谈到美国撤走了在台湾海峡巡逻的军舰，我们可以把这一消息告诉中国。虽然，这是一个小小的举动，但可以为两国会谈创造良好氛围。不过，这并不意味着美国对台湾立场的改变。

　　谢尔·阿里·汗将军问基辛格先生，是否通过巴基斯坦驻北京大使或者中国驻伊斯兰堡大使向中国传达消息。基辛格先生说此事需要高度保密，他希望叶海亚·汗总统本人亲自与中国大使处理此事，不要让他人在场，以免消息泄漏，一定不要让国务院和巴基斯坦外交部参与此事。

　　接下来基辛格先生询问是否叶海亚总统已让阿布杜·哈米德·汗将军到中国进行国庆节访问时与中国领导人谈论此事。谢尔·阿里·汗将军回答说他对此并不知情，因为自从9月中旬，他就不在巴基斯坦，不过他承诺回到伊斯兰堡后，会查明此事，通过希拉利大使向基辛格先生汇报。

　　（原文参见28页。）

附录B

1970年10月6日，沃伦·沃那在WETA电视新闻频道的评论（非官方记录）

通过节目的短片介绍，沃那宣布了他的"独家新闻"：美国会向巴基斯坦销售飞机和武装军舰，从而结束长达五年的对印度和巴基斯坦的武器禁售。

沃那后来在节目中报道说，"显然尼克松总统已经以个人身份决定以极优惠的价格向巴基斯坦销售武器，包括美国B–57轰炸机，F–104战斗机和武装军舰"。他说总价值大约是1500万美元，但又评论说这令人费解，一个F–104飞行中队的价格就比这个总价值要高得多。

"尼克松总统自始至终负责这件事，他已经在6月批准了这一决定或者正在决定中。根据我们了解，他在巴基斯坦大使希拉利的巧妙劝说下亲手增添了B–57轰炸机。

"双方并未宣布此次决定，也无意宣布。不过到时事情自然会水落石出。参议院对外关系委员会十天前被告知，印度大约在一周前接到一份预警，但仅是一则内容含糊的消息。"

（原文参见38页。）

参考书目

Aijazuddin, F.S., "From a Head, through a Head to a Head", *The Armless Queen and Other Essays* (Lahore, 1994).

Akhund, Iqbal, *Memories of a Bystander: A Life in Diplomacy* (Karachi, 1997).

Area Handbook for Pakistan (Washington, 1965).

Bhutto, Benazir, *Daugher of the East* (London, 1988).

Bhutto, Zulfikar A., *Bilateralism: New Directions* (Islamabad, 1976).

Burney, I.H., *No Illusions, Some Hopes and No Fears: The Outlook Editorials of I.H. Burney 1962-4; 1972-4* (Karachi, 1996).

Burr, William (ed.), *The Kissinger Transcripts: The Top Secret Talks with Beijing and Moscow* (New York, 1998).

Feldman, Herbert, *The End and the Beginning: Pakistan 1969–1971* (London, 1975;reprinted Karachi, 1976).

Gartoff, Raymond L., *Détente and Confrontation: American-Soviet Relations from Nixon to Reagan.* (Washington, 1994).

Gauhar, Altaf, *Ayub Khan: Pakistan's First Military Ruler* (Lahore, 1993).

Gopal, Sarvepalli, *Jawaharlal Nehru: A Biography* (Delhi, 1979).

Gromyko, Andrei, *Memories,* Translated by H. Shukman. (London, 1989).

Holdridge, John H. *Crossing the Divide: An Insider's Account of the Normalization of U.S.-China Relations* (Lanham, USA/Oxford, 1997).

Isaacson, Walter, *Kissinger: A Biography* (London, 1992; 1993 edition).

James, Sir Morrice (Lord Saint Brides), *Pakistan Chronicle* (Karachi, 1993).

Jayakar, Pupul, *Indira Gandhi:A biography* (Delhi, 1992; edition 1995).

Khan, Sultan M., *Memories &Reflections of a Pakistani Diplomat* (London, 1997).

Kissinger, Henry, *White House Years* (Boston, 1979); *Years of Upheaval* (London, 1982).

Li, Dr. Zhisui, *The Private Life of Chairman Mao: The Memories of Mao's Personal Physician* (New York, 1994; 1996 edition).

Mann, James, *About Face: A history of America's Curious Relationship with China, from Nixon to Clinton* (New York, 1999).

Nehru, B.K., *Nice Guys Finish Second* (New Delhi, 1997).

Nixon, Richard, *The Memories of Richard Nixon* (New York, 1978); *Leaders* (London, 1982).

Pakistan Year Book (Annual editions 1969 to 1981).

Raza, Rafi, *Zulfikar Ali Bhutto and Pakistan 1967–1977* (Karachi, 1997).

Sisson, Richard and Rose, Leo E., *War and Secession: Pakistan,*

India and the creation of Bangladesh (California, 1990; OUP Karachi, 1992).

Suhrawardy, *Memories of Huseyn Shaheed Suhrawardy*, Edited by M.H.R. Talukdar (Dhaka, 1987).

Twenty Years of Pakistan, Introduction by Altaf Gauhar (Karachi, 1967).

Tyler, Patrick, *A Great Wall: Six Presidents and China: An Investigative History* (New York, 1999).

Willams, L.F. Rushbrook, *The State of Pakistan* (London, 1962)

Wolpert, Stanley, *Zulfi Bhutto of Pakistan* (Karachi, 1993).

图书在版编目（CIP）数据

首脑之间：中美建交中的巴基斯坦秘密渠道 /（巴基）F. S. 艾贾祖丁著；唐俊译. —北京：世界知识出版社，2016.8

ISBN 978-7-5012-5341-8

Ⅰ.①首… Ⅱ.①F… ②唐… Ⅲ.①中美关系—国际关系史 Ⅳ.①D822.371.2

中国版本图书馆CIP数据核字（2016）第262643号

图字：01-2014-1911号

责任编辑	张迎辉
责任出版	赵 玥
责任校对	张 琨

书 名	首脑之间——中美建交中的巴基斯坦秘密渠道 Shounao Zhijian—Zhongmei Jianjiao zhong de Bajisitan Mimi Qudao
作 者	[巴基斯坦] F. S.艾贾祖丁
译 者	唐 俊
出版发行	世界知识出版社
地址邮编	北京市东城区干面胡同51号（100010）
网 址	www.ishizhi.cn
电 话	010-65265923（发行） 010-85119023（邮购）
经 销	新华书店
印 刷	北京朝阳印刷厂有限公司
开本印张	880×1230毫米 1/32 4⅝印张
字 数	108千字
版次印次	2018年5月第一版 2018年5月第一次印刷
标准书号	ISBN 978-7-5012-5341-8 ISBN-10：969-35-2429-2 ISBN-13：978-969-35-2429-1
定 价	38.00元